Heinrich Beltz

Gesunder Buchsbaum

Krankheiten und Schädlinge
erkennen und erfolgreich
behandeln

Vorwort

„Der Buchs ist tot" war das Urteil mancher Fachleute, nachdem der Buchsbaumblattfall (*Cylindrocladium buxicola*) begonnen hatte sich auszubreiten
und große Schäden zu verursachen. In vielen Fachartikeln wird daher mittlerweile geraten, bei Neupflanzungen auf Buchsbaum völlig zu verzichten
und stattdessen andere Pflanzengattungen zu verwenden.

Mithilfe dieses Buches werden Sie sehen, dass der Buchs keineswegs tot
ist, sondern seinen festen Platz in der Gartengestaltung behalten wird,
denn er besitzt Eigenschaften, die keine Alternativpflanze zu bieten hat.
Durch geschickte Sortenwahl und richtige Pflegemaßnahmen sollte in den
meisten Fällen weiterhin dem Buchsbaum der Vorzug vor anderen immergrünen Pflanzen gegeben werden. In diesem Buch finden Sie die nötigen
Informationen darüber, für welchen Standort welche Buchsbaumsorte sinnvoll ist und wann eine Alternativpflanze wirklich die bessere Wahl ist.

Die Informationen stammen zum großen Teil aus Versuchsergebnissen
des Pflanzenschutzamtes Niedersachsen und der Lehr- und Versuchsanstalt
für Gartenbau Bad Zwischenahn der Landwirtschaftskammer Niedersachsen sowie aus Beobachtungen im *Park der Gärten*, die meine Kollegen
Dr. Thomas Brand (Pflanzenschutzamt) und Björn Ehsen (Sortensichtung
Lehr- und Versuchsanstalt für Gartenbau Bad Zwischenahn und *Park der
Gärten*) erarbeitet haben. Beiden gebührt besonderer Dank für die Unterstützung bei der Erstellung dieses Buches.

Heinrich Beltz

Inhaltsverzeichnis

Krankheiten und Schädlinge

Eine Vielzahl an mehr oder weniger gefährlichen Schädlingen und Krankheiten befällt den Buchsbaum. Wie sie zu unterscheiden sind und wie man die Pflanzen schützen kann, lesen Sie hier.

Buchs gesund erhalten

Bis vor etwa 20 Jahren war Buchsbaum eines der widerstandsfähigsten immergrünen Gehölze in unseren Gärten und hatte zu Recht den Ruf, besonders pflegeleicht zu sein. Denn Buchsbaum gedeiht sowohl in der Sonne als auch im Schatten, außerdem verträgt er trockenere Böden und kältere Winter als die meisten anderen immergrünen Laubgehölze.

Damals verursachten nur wenige Schaderreger, wie Buchsbaumblattfloh, Buchsbaumkrebs oder Buchsbaumgallmücke, Schäden, die sich aber in der Regel auch ohne Gegenmaßnahmen tolerieren ließen. Dies blieb aber leider nicht so und deswegen sind heute vor allem die Wahl geeigneter Sorten und die richtige Pflege sowie ein günstiger Standort das A und O bei der Verwendung von Buchs.

Sortenauswahl

Nachdem die Buchsbaumspinnmilbe, der Buchsbaumblattfall und schließlich der Buchsbaumzünsler aufkamen, ist *Buxus* zu einer Gehölzgattung geworden, bei der, wie bei vielen anderen unserer beliebten Gartenpflanzen, die unterschiedliche Widerstandskraft der verschiedenen Sorten berücksichtigt werden muss. Zum Glück gibt es inzwischen viele Züchtungen, die gegen Krankheiten und Schädlinge weniger anfällig sind. Eine Übersicht der Sorten finden Sie im Service-Teil dieses Buches ab Seite 119.

Gesunde Pflanzen kaufen

Beim Einkauf oder Tausch von Pflanzen sollten Sie deren Gesundheitszustand genau kontrollieren. Achten Sie vor allem darauf, ob Blatt- oder Stängelflecken, die von Buchsbaumblattfall herrühren könnten, oder Fraßspuren des Buchsbaumzünslers (bzw. sogar Raupen) zu finden sind. Schon beim kleinsten Verdacht sollten Sie die Pflanzen zurückweisen. Wer ganz vorsichtig ist, kann Neuerwerbungen zunächst an einen abgelegenen Ort im Garten in „Quarantäne" pflanzen und dort beobachten, ob die Pflanzen gesund bleiben.

Achten Sie beim Kauf auf Sorten, die widerstandsfähig sind, vor allem gegen Buchsbaumblattfall. Denn die alten, besonders empfindlichen Standardsorten 'Suffruticosa' und 'Blauer Heinz' werden leider kaum noch einen geeigneten Platz finden, an dem sie sicher vor Infektionen sind.

Der passende Standort

Buchsbaum kann in der Sonne wie im Schatten ein gesundes Wachstum entwickeln. Wichtig ist, dass die Luft sich ausreichend bewegt, die Pflanzen also einem leichten Wind ausgesetzt sind und nach Regenfällen oder Taubildung schnell abtrocknen. Standorte, an denen sich Luft und Hitze stauen oder Feuchtigkeit lange hält, fördern die Entwicklung von Pilzkrankheiten und manchen Schädlingen. Das kann bei Buchsbaum genau wie bei anderen Pflanzengattungen zu Misserfolgen führen.

Der Boden soll nahrhaft sein, aber auch durchlässig, damit sich keine Staunässe bildet. Lehmige, nährstoffreiche Sandböden sind für ein gesundes Wachstum optimal.

Die richtige Pflege

Neben der (richtigen) Wahl der für den jeweiligen Standort passenden Sorte ist die fachgerechte Pflege entscheidend: Eine ausreichende, aber auch nicht übermäßige Düngung sichert die Widerstandskraft und Wüchsigkeit der Pflanzen sowie die attraktive Laubfärbung. Die richtigen Schnitt- und Hygienemaßnahmen, bei denen abgefallenes Laub regelmäßig entfernt wird, sowie die fachgerechte Wasserversorgung sorgen dafür, dass Krankheitserreger und Schädlinge ungünstige Ausgangsbedingungen haben. Altes Laub und Heckenschnitt von Buchsbaum entfernen Sie am besten aus dem Garten, damit sie keinen Ausgangspunkt für Schaderreger bilden. Wenn Bewässerung nötig ist, sollten Sie sie morgens durchführen, damit die Pflanzen schnell abtrocknen, und Sie sollten unter die Belaubung gießen, ohne die Blätter zu benetzen. Regelmäßige Kontrollen und notfalls Pflanzenschutzmaßnahmen können Schaderreger in Schach halten.

Keine Angst vor Buchs!
Auch wenn manche Fachleute skeptisch sind – Buchsbaum hat trotz neuer Schaderreger weiterhin einen Platz in den Gärten verdient.

Pflanzenschutzmaßnahmen

Erscheinen Ihnen Pflanzenschutzmaßnahmen nötig, müssen sie, wie das Pflanzenschutzgesetz vorschreibt, nach den Grundsätzen des Integrierten Pflanzenschutzes durchgeführt werden. Diese sind aber nicht so kompliziert, wie oft befürchtet wird, sondern geben eigentlich nur das vor, was jeder vernünftige Gärtner sowieso tut.

Pflanzenschutz- und Stärkungsmittel

Viele Menschen lehnen den Einsatz chemischer Pflanzenschutzmittel im Hausgarten ab. Das ist wegen der damit verbundenen Risiken für Mensch und Umwelt verständlich. Allerdings sollten sie sich darüber im Klaren sein, dass Pflanzenstärkungsmittel oder Dünger nicht so effektiv sind wie chemische Pflanzenschutzmittel, zumindest was die Schädlinge und Krankheitserreger an Buchsbaum angeht.

Mit dem Begriff „Stärkungsmittel" werden viele völlig unterschiedliche Produkte bezeichnet. Manche besitzen eine erwiesene Wirkung gegen bestimmte Schaderreger, sodass sie genau genommen keine Stärkungs-, sondern Pflanzenschutzmittel sind. Bei anderen ist dagegen die Wirksamkeit nicht nachgewiesen und sie sind daher umstritten. Seien Sie immer misstrauisch gegen möglicherweise übertriebene oder sogar aus der Luft gegriffene Werbeversprechen.

Zulassungsbedingungen beachten

Wenn Sie sich für den Einsatz von Pflanzenschutzmitteln entscheiden, müssen Sie unbedingt die Anwendungsbestimmungen einhalten. Auf keinen Fall dürfen Sie Mittel überdosieren, denn der Satz „Viel hilft viel" ist falsch! Ebenso wenig stimmt die Vermutung mancher Gartenbesitzer, dass Produkte, die allein für den Erwerbsgartenbau oder die Landwirtschaft zugelassen sind, deutlich wirksamer seien als die für den Hausgartenbereich. Letztere reichen völlig aus; alle möglichen kursierenden „Wundermittel" und „Geheimtipps" betrachten Sie am besten mit Skepsis.

Pflanzenschutzmittel sollten grundsätzlich abends ausgebracht werden und über mehrere Stunden antrocknen können (kein Regen!). Dadurch können systemische Wirkstoffe ungestört vom Pflanzengewebe aufgenommen werden. Alle durch Krankheiten gefährdeten Pflanzenteile müssen benetzt werden. Wenn bei der Ausbringung oder kurz danach hohe Temperaturen (über 25 °C) herrschen, verlieren manche Produkte ihre Wirksamkeit!

Setzen Sie nur so viel Spritzbrühe an, wie Sie wirklich benötigen. Als Faustzahl gilt, dass 1 l Brühe für etwa 10 m² Fläche reicht. Nach der Behandlung spülen Sie die Spritze aus und bringen die Spülflüssigkeit über den behandelten Pflanzen nach deren Abtrocknen aus. Leere Pflanzenschutzmittelbehälter werden sauber ausgespült (Spülflüssigkeit zur Spritzbrühe geben) und dürfen dann dem Hausmüll oder bei entsprechender Kennzeichnung dem Recycling-System (Gelber Sack, Gelbe Tonne) zugeführt werden. Nicht mehr zugelassene Pflanzenschutzmittel kommen, genauso wie Pflanzenschutzmittel, die nicht mehr verwendbar sind, weil sie z. B. eingetrocknet sind, in die Sondermüllsammlung, wo sie fachgerecht entsorgt werden.

Integrierter Pflanzenschutz

Der Integrierte Pflanzenschutz ist als „Kombination von Verfahren, bei denen unter vorrangiger Berücksichtigung biologischer, biotechnischer, pflanzenzüchterischer sowie anbau- und kulturtechnischer Maßnahmen die Anwendung chemischer Pflanzenschutzmittel auf das notwendige Maß beschränkt wird," im Pflanzenschutzgesetz verankert und damit die Grundlage der Gesunderhaltung von Pflanzen. Das gilt sowohl für den professionellen Erwerbsgartenbau als auch für den Haus- und Kleingartenbereich.

Buchsbaumblattfall

Der Buchsbaumblattfall, gelegentlich auch unzutreffend „Buchsbaumsterben" oder „Buchsbaumpilz" genannt, wird durch einen neuen, äußerst aggressiven pilzlichen Schaderreger verursacht.

Die Herkunft des Erregers (*Cylindrocladium buxicola*, Syn. *Cylindrocladium pseudonaviculata*; Hauptfruchtform *Calonectria pseudonaviculata*) ist nicht geklärt. Erstmals trat er 1994 in England auf, dann 2004 in Deutschland, und mittlerweile ist er in ganz Europa sowie in Nordamerika verbreitet.

Symptome

Auf den Blättern entstehen runde, etwa 2–6 mm große Blattflecken (siehe Seite 11), die braun werden, meist mit einem dunkleren Rand. Häufig sind die Blattspitzen betroffen, sodass etwa die Hälfte der Blattfläche verbräunt. Später werden die Blätter abgeworfen, die Triebe bleiben aber grün und treiben neu aus. Nach mehrfachem Befall oder in Verbindung mit winterlichen Frösten sterben die Triebe schließlich ab. Ein unverwechselbares Merkmal sind etwa 0,3–1 mm breite, dunkle Längsstreifen auf den noch grünen Trieben (siehe Seite 14). Bei feuchter Witterung kann sich auf der Blattunterseite ein weißer Pilzsporenbelag (Konidiophoren mit Konidien siehe Seite 12) bilden.

Bitte nicht verwechseln

Nicht alle Blattverfärbungen oder Blattfallerscheinungen werden durch den Pilz *Cylindrocladium buxicola* verursacht, in vielen Fällen sind die Ursachen weniger gefährlich.
Bei Verbrennungen oder durch Buchsbaumkrebs (*Volutella*) verbräunen die Blätter ebenfalls, werden aber gleichmäßig beigebraun, vertrocknen zusammen mit den Trieben und halten sehr lange an ihnen, bevor sie irgendwann abfallen. Es entstehen keine auffälligen Flecken und vor allem keine dunklen Längsstreifen an den noch grünen Trieben.

Lebensweise des Erregers

Der Erreger kann völlig gesundes Pflanzengewebe befallen. Er braucht lediglich Wärme und Feuchtigkeit. Optimal sind Temperaturen um 25 °C, dann reichen ihm etwa fünf bis sieben Stunden Blattnässe, um ins Blatt einzu-

dringen. Je kühler die Temperaturen sind, desto länger benötigt er einen Wasserfilm auf dem Blatt. Daher finden die Infektionen häufig im Juli oder August statt, wenn die Temperaturen noch warm sind und die Blätter in den länger werdenden Nächten lange mit Regen oder Tau benetzt bleiben. Der Befall bleibt zunächst unsichtbar, erst nach ein bis zwei Wochen entstehen die ersten erkennbaren Blattflecken. Der Schaden fällt daher häufig im August oder September auf. Besonders gefährdet sind ganz junge Blätter, ältere werden seltener infiziert.

Hitzeresistenz

In Laboruntersuchungen stirbt *C. buxicola* nach 7 Tagen bei konstant 33 °C ab. Das wird manchmal dahingehend missverstanden, dass der Erreger an heißen Tagen bei über 33 °C nicht überlebt. Das ist nicht so, ein paar Stunden bei 33 – 40 °C Lufttemperatur übersteht er problemlos.

Cylindrocladium buxicola überdauert auf abgefallenem Laub und im Boden in Form von Myzel, Chlamydosporen und Mikrosklerotien, die sich inner-halb kurzer Zeit im befallenen Gewebe bilden. Es ist nicht sicher, wie lange er aus dem Boden heraus neu infizieren kann, aber es handelt sich um min-destens fünf bis acht Jahre! Von dort wird er über Wasserspritzer bei Regen-

fällen oder beim Gießen auf junges Blattgewebe übertragen. Daher sind
Pflanzenteile in Bodennähe besonders gefährdet.

Weite Strecken überwindet der Erreger beim Tausch oder Handel mit
kranken Pflanzen. Deswegen ist es äußerst wichtig, neue Pflanzen kritisch
zu betrachten, bevor sie in den Garten gepflanzt werden. Auch einzelne
kranke Blätter oder Triebe können der Startschuss für eine Blattfall-Epide-
mie sein. Außerdem wird der Erreger mit verschmutzten Schnittwerkzeugen
oder Erdresten an den Schuhen von Standort zu Standort getragen.

Gegenmaßnahmen

Hygiene, Schnitt und Bewässerung

Nach dem Besuch von Friedhöfen, Parkanlagen oder Nachbargärten mit
Buchsbaum sollten Sie Ihre Schuhe und das benutzte Werkzeug unbedingt
gut reinigen. Tauchen Sie das Werkzeug nach der mechanischen Reinigung
etwa zehn Sekunden lang in 70%igen Alkohol.

Befallene Pflanzen müssen gerodet oder zurückgeschnitten werden. Weil
das Schnittgut ein Ausgangspunkt für Neuinfektionen ist, muss es unbedingt vernichtet werden.

Es ist empfehlenswert, nach der Rodung befallener Pflanzen die oberen
5 cm der Bodenschicht auszutauschen, um den Befallsdruck zu verringern.
Das ist allerdings in der Praxis manchmal schwierig, denn häufig ist der

Boden einige Meter weit um die befallene Pflanze herum kontaminiert und ein großflächiger Austausch nicht möglich. Alternativ kann auch eine dicke Mulchschicht auf den kontaminierten Boden aufgelegt werden.

Da der Erreger auf Feuchtigkeit angewiesen ist, sollten Sie Buchsbaumpflanzen nur vorsichtig bewässern. Am besten gießen Sie morgens, sodass das Laub vor der Nacht abtrocknen kann.

Wenn Sie Infektionen vermeiden wollen, terminieren Sie den Schnitt so, dass im Sommer keine oder wenig junge Triebe vorhanden sind. Das heißt, der erste Schnitt wird im April durchgeführt und der zweite erst im Oktober. Über Sommer sieht die Pflanze dann allerdings möglicherweise etwas ungepflegt und struppig aus. Oft wird empfohlen, die Pflanzen nicht zu dicht zusammen zu pflanzen und locker wachsen zu lassen. Das ist grundsätzlich richtig, aber bei Hecken und Formgehölzen natürlich nicht möglich.

Düngung und Pflanzenstärkung

Eine bedarfsgerechte Ernährung ist wichtig für das Wachstum und die Widerstandsfähigkeit der Pflanzen. *Cylindrocladium buxicola* ist allerdings ein so aggressiver Erreger, dass er auch optimal ernährte Pflanzen infiziert. Sie dürfen daher nicht erwarten, dass Sie Ihre Pflanzen durch gute Ernährung vor Infektionen schützen können.

Einzig die Blattdüngung mit Kupferprodukten hat eine deutliche Wirkung, die allerdings auf der direkten Wirksamkeit des Kupfers gegen die Pilzsporen beruht. Kupferdünger sind von den Risiken für die Umwelt her genau wie kupferhaltige Pflanzenschutzmittel einzuschätzen, die wegen ihrer optimierten Wirkung und der gesetzlichen Vorgaben vorgezogen werden sollten.

Auch der Einsatz von Pflanzenstärkungsmitteln kann bei einem solch aggressiven Erreger nicht viel bewirken. Die bisher vorliegenden Versuchsergebnisse aus Deutschland und den Niederlanden ließen keine ausreichende Wirkung von verschiedenen Kompost-Tees, homöopathischen Produkten und EM-Präparaten (EM = Effektive Mikroorganismen) gegen Buchsbaumblattfall erkennen.

Fungizideinsatz

Sollen wertvolle Buchsbaumpflanzungen erhalten werden, denen eine Infektion droht, kann der Einsatz von Pflanzenschutzmitteln erwogen werden. Wirksame Fungizide, die im Hausgarten zugelassen sind, sind z. B. Duaxo, Fungisan oder Ortiva. Allerdings können Fungizide nur verhindern, dass Pilze ins Gewebe eindringen. Die Sporen, die im Ruhezustand am Blatt haften, können nicht abgetötet werden, auch nicht mit Desinfektionsmitteln.

Ist die Pflanze erst infiziert, kann der Pilz nicht mehr kontrolliert werden. Wenn ein Fungizid wirken soll, müssen Sie es also vor der Infektion einsetzen, bevor Symptome zu erkennen sind. Außerdem ist zu bedenken, dass die Fungizide nur dort wirken, wo sie die Pflanze erreichen. Blätter, die nicht benetzt wurden oder die nach dem Fungizideinsatz gewachsen sind, bleiben also ungeschützt. In der Praxis bedeutet das, dass die Pflanzen von April bis September im Abstand von etwa zwei Wochen regelmäßig behandelt werden müssen. Bei stabiler trockener Witterung kann der Zeitabstand unter Umständen verlängert werden, bei regnerischem Wetter und starkem Wachstum ist es günstig, ihn zu verkürzen. Wegen der nötigen Häufigkeit der Behandlungen ist der Fungizideinsatz in der Praxis schwierig.

Sortenanfälligkeit

Je schattiger und feuchter ein Standort ist, desto höher ist das Risiko, dass der Erreger sich verbreiten kann. Für hoch anfällige Sorten, wie 'Suffruticosa', besteht an jedem Standort das Risiko, unter starken Infektionen zu

Untrügliches Merkmal für eine Blattfall-Infektion: dunkle Längsstreifen am Trieb.

leiden. Weniger anfällige Sorten, wie 'Herrenhausen', haben jedoch zumindest an trockenen Standorten die Chance, je nach Witterung und Befallsdruck zumindest so gesund zu bleiben, dass sie einigermaßen attraktiv sind. Grundsätzlich können alle Buchsbaumsorten befallen werden. Die Unterschiede in der Empfindlichkeit sind allerdings sehr groß (siehe Tabelle Seite 119 – 121). Zurzeit wird an mehreren Orten nach gesunden Sorten gesucht oder gezüchtet. In einigen Jahren werden daher weitere Sorten mit einer hohen Widerstandskraft und interessanten Wachstumseigenschaften erwartet.

Was tun gegen Blattfall?

Es gibt keinen absoluten Schutz vor Buchsbaumblattfall. An geeigneten, nicht zu feuchten Standorten kann aber durch umfassende Hygienemaßnahmen und die Wahl widerstandsfähiger Sorten das Risiko von heftigen *Cylindrocladium*-Infektionen auf ein Minimum beschränkt werden.

Ein abgestorbener Trieb kann auf Buchsbaumkrebs hinweisen.

Buchsbaumkrebs

Diese Krankheit wird durch *Volutella buxi* verursacht, einen pilzlichen Erreger, der weit verbreitet ist, aber selten existenzbedrohende Schäden an Buchsbaum anrichtet.

Symptome

Der Erreger dringt in Verletzungen ein und zerstört das Rinden- und Holzgewebe, sodass die über der Infektionsstelle liegenden Pflanzenteile vertrocknen. An der Infektionsstelle entstehen kleine, krebsartige Wucherungen, an denen die Rinde abblättert. Normalerweise sind nur einzelne Triebe befallen, die übrigen bleiben gesund. Typische Merkmale sind die graubraunen bis schwarzen Verfärbungen im Holz an der Befallsstelle an der Basis des abgestorbenen Triebs. Vertrocknete, beigebraune Blätter hängen lange an den toten Trieben, bevor sie abfallen. Bei feuchter Witterung entsteht an den Blättern und Zweigen ein zunächst weißer Belag, der schnell durch die Bildung von Fruchtkörpern (Sporodochien) eine charakteristische lachsrosa Farbe annimmt. Der Pilz überwintert an toten Pflanzenteilen, vor allem dem toten Laub.

Gelegentlich tritt die Hauptfruchtform von *Volutella buxi, Pseudonectria rousseliana,* auf, die etwa 0,15 mm große Fruchtkörper (Perithecien) in Form von rötlichen Kügelchen auf Blättern und Zweigen bildet.

Mischinfektionen von Buchsbaumkrebs, *Volutella buxi,* und Buchsbaumblattfall, *Cylindrocladium buxicola,* sind relativ häufig. Dann sind aber auch die typischen Symptome des Buchsbaumblattfalls (Blattflecken, verbräunte Streifen an den Trieben) zu erkennen.

Sicherer Nachweis
Zur Absicherung der Diagnose können verbräunte Triebe in einem feuchten, fest verschlossenen Plastikbeutel bei Zimmertemperatur gelagert werden. Wenn nach etwa drei Tagen ein lachsrosa Belag erscheint, ist das ein deutliches Zeichen für *Volutella* als Ursache des Triebsterbens.

Gegenmaßnahmen

Ähnlich wie beim Buchsbaumblattfall liebt der Erreger des Buchsbaumkrebs feuchte Bedingungen, er kann aber nur über Verletzungen, wie Rindenrisse, Bruchstellen oder Schnittstellen, infizieren. Pflanzen sollten also zum einen möglichst so bewässert werden, dass sie schnell abtrocknen. Zum anderen sollte man erkrankte Zweige komplett unterhalb der Befallsstelle im gesunden (nicht verbräunten) Gewebe abschneiden und mitsamt dem Laub vernichten. Dadurch lässt sich der Befall im Hausgarten ausreichend kontrollieren und Fungizideinsätze sind nicht nötig. Da der Erreger mechanisch übertragen werden kann, sollten Sie nach dem Schnitt kranker Pflanzen die Werkzeuge desinfizieren, indem Sie sie nach der mechanischen Reinigung etwa zehn Sekunden lang in 70%igen Alkohol tauchen.

Sortenanfälligkeit

Sortenunterschiede in der Anfälligkeit gegenüber Buchsbaumkrebs sind nicht bekannt.

Triebspitzenmilbe

Triebspitzenmilben gehören zur Familie der Gallmilben. Diese Familie verdankt ihren Namen der Tatsache, dass manche ihrer Arten durch ihre Saugtätigkeit Gewebewucherungen (Gallen) hervorrufen, die z. B. an Ahornblättern auffällig sind. Triebspitzenmilben dagegen verursachen keine Gallen, sondern Deformationen an den Triebspitzen.

Symptome

Triebspitzenmilben (Buchsbaumgallmilben) saugen Saft aus den Pflanzenzellen, wodurch Blätter und Triebe verkrüppelt wachsen. Die Blätter bleiben klein, schmal und wachsen verdreht (aber nicht löffelförmig wie beim Buchsbaumblattfloh).

Lebensweise

Die zu den Gallmilben gehörenden Triebspitzenmilben (*Eriophyes canestrinii*, Syn. *Phytoptus canestrinii*, Syn. *Aceria unguiculata*) sind wurmartig und so winzig (0,17 mm lang), dass sie mit bloßem Auge oder einer einfachen Lupe nicht erkennbar sind. Sie entwickeln sich aus dem Eistadium über zwei Larvenstadien zum Erwachsenenstadium und leben in kleinen Kolonien in den Knospen und Triebspitzen unter Blättern, wo sie vor Witterung und Feinden recht gut geschützt sind. Die Weibchen überwintern dort auch, sie verlassen im Frühjahr für kurze Zeit ihren geschützten Ort, um Eier zu legen und zu den neu gebildeten Vegetationskegeln zu wandern. Ein Teil der Tiere wird mit dem Wind „verweht" und kann sich so über weitere Strecken verbreiten. Die meisten verlassen aber den Zweig, an dem sie sich befinden, nicht. Daher ist gelegentlich zu beobachten, dass ein Trieb starke Befallssymptome zeigt, während der Nachbartrieb an derselben Pflanze nicht befallen ist.

Gegenmaßnahmen

In Hausgärten bereiten Triebspitzenmilben kaum Probleme an Buchsbaum. Durch regelmäßigen Schnitt werden neue Triebspitzen und damit ein großer Teil der Tiere beseitigt. Wenn nur einzelne Triebe befallen sind, können diese gezielt entfernt werden. Die übrigen Gallmilben werden von Nützlingen in Schach gehalten, vor allem von der in der Natur verbreiteten Raubmilbe *Amblyseius andersonii*. In der gärtnerischen Anzucht dagegen besitzt der Schädling eine wichtige Bedeutung, sodass etwas häufiger Pflanzen mit Symptomen in den Gartencentern zu sehen sind. Befallene Pflanzen, die in

Durch Saug-
tätigkeit von
Triebspitzenmil-
ben verkrüppelte
Blätter und Triebe
(rechts).

Hausgärten gepflanzt werden, erholen sich nach dem Entfernen der geschädigten Triebspitzen meist recht schnell. Außerdem sollen die Tiere in kalten
Wintern und in feuchten Sommern durch die Witterung stark dezimiert
werden.

 Verschiedene selektive Pflanzenschutzmittel (Akarizide) besitzen ebenso
wie netzschwefelhaltige Präparate eine gute Wirkung gegen Gallmilben,
allerdings nur, wenn die Tiere sich auf der Wanderung zu den neuen Vegetationskegeln befinden und ungeschützt sind. Daher ist eine chemische
Bekämpfung schwierig und nicht immer von Erfolg gekrönt.

Sortenanfälligkeit

Nach niederländischen Berichten sollen die Sorten 'Hollandia', 'Handsworthiensis', 'Herrenhausen' und 'Faulkner' weniger empfindlich gegen Gallmilben-
befall sein als die meisten anderen, in Bad Zwischenahn war 'Hollandia' allerdings stark befallen. 'Green Mountain' soll sehr empfindlich sein.

Das Blatt ist mit weißen Punkten übersät, den Einstichstellen von Buchsbaumspinnmilben.

Spinnmilben

Buchsbaumspinnmilben gehören zu den Spinnentieren und zeichnen sich dadurch aus, dass sie sich schnell und sehr stark vermehren können.

Symptome

Ein relativ neuer Schädling, der aus Nordamerika stammt und seit 2000 in Deutschland nachgewiesen ist, ist die Buchsbaumspinnmilbe (*Eurytetrany-chus buxi*). Sie saugt Pflanzensaft im weichen Pflanzengewebe (Parenchym), wodurch auffällige, helle Punkte oder kurze Striche ähnlich einem Komma entstehen. Jeder Punkt oder Strich ist eine Einstichstelle. Bei starkem Befall werden die Blätter hell und es setzt Laubfall ein.

Merkmale und Lebensweise

Die Tiere selbst sind rundlich und bei ihrer Größe von 0,35 – 0,48 mm gerade noch mit dem bloßen Auge zu erkennen. Junge Tiere sind gelblich grün, ältere rötlich oder braun gefärbt. Sie leben allerdings recht vereinzelt und sind sehr laufaktiv. Wenn die Schäden auffällig werden, sind sie daher oft kaum noch zu finden. Im Gegensatz zu vielen anderen Spinnmilben bilden Buchsbaumspinnmilben kaum Gespinste.

Nur die Eier überwintern. Sie befinden sich an der Blattunterseite, sind etwa 0,15 mm groß, gelblich gefärbt und abgeflacht geformt. Die erste Generation schlüpft kurz nach dem Austrieb der Pflanzen Ende April oder Anfang Mai. Die jungen Larven saugen zunächst nur an der Blattunterseite, ältere Tiere auch an der Oberseite. Schon nach drei bis vier Wochen schlüpft die zweite Generation.

Die Tiere lieben sonnige, warme Standorte. Im kühlen Schatten treten sie zwar auch auf, vermehren sich aber deutlich langsamer. Nach niederländischen Beobachtungen werden sie von Unwettern im Sommer mit starken Regenfällen deutlich dezimiert. Ähnlich wie die Gallmilben werden sie von Nützlingen gefressen, scheinen sich aber nicht so gut von ihnen in Schach halten zu lassen.

In Nordamerika wurden bis zu acht Generationen von Buchsbaumspinnmilben pro Jahr gezählt. Unter entsprechenden Bedingungen können sie sich daher sehr stark vermehren.

Gegenmaßnahmen

Da die Tiere auch gern im Inneren der Pflanze sitzen, schaden ihnen Pflanzenschnittmaßnahmen nicht. Wenn starker Befall droht, können ölhaltige Präparate, wie Bayer Garten Austriebsspritzmittel, Para Sommer oder Promanal Neu, eingesetzt werden, am besten gegen die Wintereier im Herbst oder im Frühjahr vor Mitte April.

Sortenanfälligkeit

Gelegentlich wurde geäußert, Buchsbaumspinnmilben träten an *Buxus sempervirens* stärker auf als an *B. microphylla*. Beobachtungen in Bad Zwischenahn können das nicht bestätigen, denn *B. microphylla*-Sorten, wie 'Herrenhausen' oder 'Faulkner', waren hier ähnlich stark befallen wie die *B. sempervirens*-Sorten. Nur *B. microphylla* var. *koreana* und *B. microphylla* var. *japonica* sowie die kanadischen Kreuzungen aus der Gruppe von 'Green Gem' zeigten hier kaum Befall.

Buchsbaumblattfloh

An Buchsbaum treten sehr selten Blattläuse auf, dafür aber häufig die ähnlich aussehenden und eng verwandten Blattflöhe, die zu den Blattsaugern (*Psyllidae*) gehören.

Merkmale und Lebensweise

Der Buchsbaumblattsauger oder -blattfloh (*Psylla buxi*) ist als Larve etwa 0,5 mm lang, grünlich gelb gefärbt und ähnelt einer Blattlaus, wird aber etwas größer. Ein deutliches Unterscheidungsmerkmal zur Blattlaus ist der breite und relativ flache Körperbau der Larve. Erwachsene Tiere sind ebenfalls grünlich, aber geflügelt und 3 mm lang.

Auffällig ist die leuchtend weiße Wachswolle, die die Larven zum Schutz ausscheiden. Darunter sind die kleinen Tiere manchmal kaum zu erkennen. Im Frühjahr besiedeln die jungen Larven den Neuaustrieb und im Sommer sind dann die erwachsenen Tiere zu finden. Sie haben zwar Flügel, fliegen aber nur kurze Strecken und springen eher von Zweig zu Zweig. Darauf bezieht sich ihr Name Blattfloh. Im Spätsommer paaren sie sich, legen ihre Eier ab und sterben. Pro Jahr bilden Buchsbaumblattflöhe also nur eine Generation. Im Gegensatz zu den Blattläusen kommt die ungeschlechtliche Vermehrung (Parthenogenese), die schnell zur Massenvermehrung führen kann, bei Blattsauger-Arten kaum vor.

Symptome

Bei ihrer starken Saugtätigkeit am Leitgewebe der Pflanzen (Phloem) scheiden die Blattflöhe klebrigen Honigtau aus, auf dem sich später schwarze Rußtaupilze ansiedeln. Um sich vor dem Verkleben durch ihre Exkremente zu schützen, sondern sie die weiße Wachswolle ab, die gleichzeitig einen gewissen Schutz vor Feinden und vor Pflanzenschutzmitteln sowie vor Feuchtigkeitsverlust bietet.

Die Rußtaupilze auf dem Honigtau schädigen die Pflanzen nicht direkt, bei sehr starkem Auftreten können sie aber die Assimilation behindern und zu Laubfall führen. Außerdem können sie zu lästigen Verschmutzungen auf Terrassen und Gegenständen unter oder neben den betroffenen Pflanzen führen.

Durch die Saugtätigkeit der Buchsbaumblattflöhe verkrümmen sich die Blätter löffelartig und die Blattabstände (Internodien) bleiben sehr kurz, sodass die Triebspitzen wie kleine Kohlköpfe aussehen können.

Gegenmaßnahmen

Die Pflanzen leiden durch diesen Schädling nur wenig, meist kann er toleriert werden. Das Entfernen befallener Triebspitzen ist hilfreich, aber nicht unbedingt notwendig. Bei sehr starkem Befall kann ein Insektizideinsatz mit Beimischung von Ölen oder Netzmitteln gegen die Larven im April/Mai sinnvoll sein.

Viele Nützlinge wie Spinnen, Schlupfwespen, Raubwanzen oder Larven von Florfliegen und Schwebfliegen dezimieren die Blattflöhe etwas, können sie aber selten völlig beseitigen.

Sortenanfälligkeit

Die verschiedenen Buchsbaumsorten scheinen unterschiedlich stark befallen zu werden, Beobachtungen aus Wien-Schönbrunn und Bad Zwischenahn decken sich: 'Angustifolia', 'Blauer Heinz', 'Elegantissima' sowie 'Herrenhausen' zeigten wenig Symptome, 'Graham Blandy', 'Pyramidalis' und 'Green Mound' dagegen relativ starke.

An den Triebspitzen sitzen unter weißer Wachswolle Blattflöhe, die Löffelblättrigkeit verursachen.

Schildläuse

Schild- und Schmierläuse sind oft hartnäckige Schaderreger an Ziergehölzen. Bei Buchsbaum kann vor allem die Kommaschildlaus ernste Schäden verursachen.

Merkmale und Lebensweise

Kommaschildläuse (*Lepidosaphes ulmi*), die auch an Apfel- und Birnbäumen, Rosen, Heide sowie anderen Obst- und Ziergehölzen zu finden sind, werden etwa 2–3 mm lang, sind graubraun und haben die Form einer Miesmuschelschale. Jedes Weibchen legt etwa 90 Eier unter seinem Schild und stirbt dann. Die Eier überwintern gut geschützt unter dem Schild der abgestorbenen Mutter, und die rund 0,3 mm langen, weichen, gelblich gefärbten Larven schlüpfen im Mai. Sie wandern an den neuen Trieb, sind Ende Juli ausgewachsen und die Weibchen setzen sich dann fest. Es treten geflügelte Männchen auf, die Weibchen können sich aber auch ohne Paarung vermehren (Parthenogenese). Sie saugen am Parenchymgewebe der Pflanzen, die Eiablage findet Ende September statt. Bei ihrer Saugtätigkeit entstehen im Gegensatz zu derjenigen mancher anderer Schildlausarten kein Honigtau und kein Rußtau.

Symptome

Durch die Saugtätigkeit können Kommaschildläuse das Pflanzenwachstum erheblich beeinträchtigen, bei starker Vermehrung kommt es zu Blattfall und Triebsterben. Dann besteht die Gefahr der Verwechslung mit Schäden durch den Pilz *Cylindrocladium buxicola* (Buchsbaumblattfall). Eine sichere Diagnose ist aber leicht möglich, da bei genauem Hinschauen die Schildläuse an den Trieben deutlich erkennbar sind.

Gegenmaßnahmen

Schildläuse können sich nicht so schnell über die Pflanzen verbreiten wie viele andere Schädlinge. Daher ist der Befall manchmal nur auf wenige Zweigpartien begrenzt und kann durch Schnitt rechtzeitig entfernt werden. Wenn sehr starker Befall droht und ein Ausschneiden nicht mehr möglich ist, können die Pflanzen mit ölhaltigen Präparaten (z. B. Bayer Garten Austriebsspritzmittel) kurz nach dem Schlupf wirksam bekämpft werden, etwa im Mai/Juni. Unter den ausgehärteten Schilden sind die Tiere und Eier später relativ gut geschützt, sodass von Behandlungen im Spätsommer/Winter keine Wirkung zu erwarten ist.

Starker Befall von Kommaschildläusen kann zu Blattfall führen.

Sortenanfälligkeit

Sortenunterschiede in der Anfälligkeit gegenüber Schildläusen sind nicht bekannt.

Weitere Läusearten

Gelegentlich wird auch von Befall durch Blattläuse (*Aphis fabae*), Schmierläuse (*Phenacoccus aceris*) und Schildläuse, wie *Eriococcus buxi*, an Buchsbaum berichtet, die in Mitteleuropa allerdings bei dieser Pflanzengattung keine große Rolle zu spielen scheinen. Aus Nordamerika wird dagegen von verbreitetem Befall durch viele weitere Arten von Schild- und Schmierläusen aus unterschiedlichen Familien berichtet.

Buchsbaumgallmücke

Ein Schaderreger, der nur in manchen Regionen Mitteleuropas auftritt, dort aber heftige Schäden an Buchsbaum anrichten kann, ist die Buchsbaumgallmücke.

Merkmale und Lebensweise

Die Buchsbaumgallmücke (*Monarthropalpus flavus*, Syn. *M. buxi*) ist ein kleines, zartes, etwa 3 mm langes Insekt, das kurz nach Austrieb seiner Wirtspflanze schlüpft, nach ein paar Tagen seine Eier von der Blattoberseite her direkt ins Gewebe legt (rund 30 Eier pro Weibchen) und dann stirbt. Der Wind kann die Tiere über weite Entfernungen tragen, bei günstigem Wetter treten kleine Schwärme auf. Da die erwachsene Mücke sehr kurzlebig ist und nur einige Tage lang auftritt, wird sie meist übersehen. Nach der Eiablage entwickeln sich geschützt im Blattgewebe kleine Larven.

Symptome

Zunächst sind die Gänge („Minen"), die die jungen Maden im Blatt fressen, als helle Punkte leicht zu übersehen. Im Spätsommer verdickt sich dann das Gewebe und es entstehen auf der Blattoberseite schließlich hellbraune Flecken, die weniger scharf abgegrenzt sind als pilzliche Blattflecken und nicht mit diesen verwechselt werden dürfen. Auf der Blattunterseite bilden sich Gallen, die flachen Beulen ähneln. Es kann vorzeitiger Blattfall einsetzen, der leicht mit dem durch den Pilz *Cylindrocladium buxicola* verursachten Buchsbaumblattfall verwechselt werden kann. Die gewölbten Gallen auf den Blattunterseiten sind aber ein deutliches Unterscheidungsmerkmal. Öffnet man eine Galle, kann man eine oder mehrere orangefarbene Maden darin finden. Die Larven überwintern im Blatt, entwickeln sich zu orangefarbenen Puppen und schlüpfen im Frühjahr zum Austrieb. An den Austrittsstellen der Gallen bleiben auffällige, leere Puppenhüllen hängen.

Die Buchsbaumgallmücke bildet nur eine Generation pro Jahr. Sie tritt seltener auf als z. B. der Buchsbaumblattfloh, kann aber stärkere Schäden verursachen. Sie kommt vor allem in warmen Regionen vor, also eher in Süddeutschland und Österreich als in Norddeutschland.

Gegenmaßnahmen

Meist werden ältere Pflanzen befallen und die Schäden halten sich in Grenzen, sodass eine Bekämpfung unnötig ist. Schnittmaßnahmen besonders

Die Larven der Buchsbaumgall-mücke verursa-chen Beulen auf der Blattunter-seite.

vor dem Schlüpfen der Gallmücken und Entfernen des Schnittguts dezi-mieren die Tiere. Bei sehr starkem Befall ist ein Einsatz von Insektiziden kurz nach dem Larvenschlupf (z. B. mit Schädlingsfrei Calypso) oder zum Flug der erwachsenen Tiere und deren Eiablage (z. B. mit Spruzit Neu) zu erwägen.

Sortenanfälligkeit

In Wien-Schönbrunn wurden 'Angustifolia', 'Handsworthiensis', 'Rotundi-folia', 'Suffruticosa', 'Herrenhausen', 'Faulkner' und die meisten anderen Sorten wenig befallen, etwas stärker 'Latifolia Maculata', 'Blauer Heinz' sowie 'Raket', und besonders stark die Sorten der kanadischen Gruppe um 'Green Mound' .

In den USA wurden ebenfalls die Sorten um 'Green Mound' sowie 'Natio-nal' als besonders empfindlich eingestuft, weniger befallen wurden 'Hands-worthiensis', 'Vardar Valley', 'Suffruticosa' sowie 'Memorial'. Mittelstark war der Befall bei 'Pyramidalis', 'Green Beauty' und *Buxus sempervirens* var. *ar-borescens*.

Die Raupe des Buchsbaumzünslers entwickelt in ihrem Gespinst eine enorme Fraßtätigkeit.

Buchsbaumzünsler

Ein Schaderreger, der in Europa noch neu ist und bisher regional begrenzt auftritt, ist der Buchsbaumzünsler. Es ist zu befürchten, dass er zukünftig zu noch größeren Schäden als beim Buchsbaumblattfall (*Cylindrocladium buxicola*) führen wird.

Vorkommen und Ausbreitung

Der Buchsbaumzünsler (*Diaphania perspectalis*, Syn. *Cydalima perspectalis*, Syn. *Glyphodes perspectalis*) stammt aus Ostasien und wurde vermutlich mit Pflanzenimporten eingeschleppt; seit 2006 ist er in Deutschland sowie den Nachbarländern zu finden. Vor allem in wärmeren Regionen der Schweiz und Österreichs sowie in Südwestdeutschland (Rheintal, Stuttgarter Raum) hat er sich stark vermehrt, in kühleren Gegenden wurde er bisher nur stellenweise gefunden. Da er sich langsam nach Norden ausbreitet, bleibt abzuwarten, wie stark die Schäden in kühleren Regionen werden. Auch aus Großbritannien, den Niederlanden, Belgien, Frankreich, Italien, Slowenien, Kroatien, Ungarn und der Türkei wurde Befall gemeldet.

Merkmale und Lebensweise

Der weiß gefärbte, kleine Schmetterling (Spannweite 5 cm, siehe Seite 31) mit dem dunklen Flügelrand schlüpft ab Ende Mai und legt etwas später seine Eier ab, aus denen zunächst kleine grüne Raupen mit schwarzen Kopfkapseln schlüpfen, die später grün-gelb-schwarz längs gestreift und bis zu 5 cm lang sind. Im September fliegen die Falter der zweiten Generation. Die Raupen fressen an Blättern und Zweigen, verpuppen sich und werden erneut zu Schmetterlingen. Die Falter sind nachtaktiv, sodass sie tagsüber kaum in Erscheinung treten. Sie sitzen nicht unbedingt an Buchsbaum, sondern gern auf der Blattunterseite benachbarter Pflanzen. Die Schmetterlinge leben nur etwa acht Tage lang und sterben kurz nach der Eiablage.

In Ostasien bilden sich drei bis vier Generationen pro Jahr, in unserem Klima nur zwei. Die Tiere überwintern als Junglarven in einem Kokon zwischen eingesponnenen Blättern, sind kälteunempfindlich und sollen problemlos −20 °C überstehen. In seiner Heimat soll der Schädling auch Stechpalmen (*Ilex purpurea*) sowie Spindelstrauch (*Euonymus japonicus* und *E. alatus*) befallen, in Europa bisher nur Buchsbaum.

Symptome

Die Raupen fressen ab Mitte März im Strauch von innen her anfangs nur das weichere Gewebe an der Blattunterseite. Dadurch entsteht zunächst „Fensterfraß", bei dem das härtere obere Abschlussgewebe des Blattes (Epidermis) wie durchscheinendes Papier stehen bleibt (siehe Seite 4 – 5). Später fressen die Tiere ganze Blätter samt der Epidermis und schließlich auch die jungen Zweige auf. Wenn sie hungrig sind und keine Alternative mehr haben, verschmähen sie auch die Rinde verholzter Triebe nicht.

Da die Raupen vom Inneren der Pflanze her fressen, bleiben sie zunächst meist unentdeckt, der Schaden offenbart sich manchmal erst, wenn die Pflanze völlig kahl ist und ein dichtes Gespinst mit Raupen sie bedeckt. Verräterisch können die Kotkrümel sein, die die Raupen ausscheiden und oft unter den befallenen Pflanzen zu finden sind, bevor man auf die Raupen aufmerksam wird.

Gegenmaßnahmen

Da Vögel und andere Nützlinge die Raupen bisher nicht ausreichend dezimieren, ist beim Auftreten dieses Schaderregers eine Bekämpfung meist unumgänglich. Am wichtigsten ist die regelmäßige Kontrolle der Pflanzen. In Befallsgebieten müssen in kurzen Zeitabständen die Zweige dichter

Pflanzen auseinandergebogen und das Innere der Sträucher untersucht werden. Wird Befall festgestellt, können die Raupen bei kleineren Pflanzen abgesammelt werden. Ist das nicht möglich, kann versucht werden, die Tiere mit Insektiziden zu bekämpfen. Allerdings müssen die Raupen noch relativ klein sein (bis etwa 2 – 3 cm Länge) und direkt benetzt werden, damit die Behandlungen einen guten Erfolg haben. Das ist bei dichten Formgehölzen nicht ganz einfach. Größere Raupen reagieren nur noch schwach. Verschiedene Insektizide kommen infrage, sowohl breit wirksame Produkte (z. B. Schädlingsfrei Calypso) als auch Spezialmittel gegen Schmetterlingsraupen (z. B. Runner, Dipel ES), die wegen ihrer nützlingsschonenden Eigenschaften vorzuziehen sind. Dipel ES ist ein biologisches, sehr wirksames Produkt, das das Bakterium *Bacillus thuringiensis* enthält.

Nach Erfahrungen des Landwirtschaftlichen Technologiezentrums Karlsruhe sind April, Juni/Juli und Oktober günstige Zeiträume, um die zu dieser Zeit normalerweise noch kleinen Larven mit Insektiziden, wie Dipel ES, zu bekämpfen, am besten nach vorherigem Rückschnitt der Pflanzen.

Beim regelmäßigen Schnitt können sich im Schnittgut Raupen oder Puppen befinden, die sich zu Schmetterlingen weiterentwickeln. Ältere Larven können sich auch von vertrocknetem Buchsbaum-Laub („Buchsbaum-Heu") ernähren und sich darin weiterentwickeln! Bei Befall sollte Schnittgut mit älteren Raupen daher vernichtet werden.

Der erwachsene Schmetterling des Buchsbaumzünslers ist selten zu finden.

Wie bei allen gefährlichen Schaderregern ist natürlich eine genaue Kontrolle zugekaufter oder getauschter Pflanzen wichtig. Am auffälligsten sind die Fraßschäden (evtl. Fensterfraß) als Alarmzeichen, aber natürlich muss auch das Innere der Pflanzen auf Raupen kontrolliert und auf Kotkrümel am Boden geachtet werden.

Sortenanfälligkeit

Der Buchsbaumzünsler scheint alle Sorten gleichermaßen zu befallen. Da das Sortiment in den Gärten jedoch sehr begrenzt ist, sollte die Sortenanfälligkeit noch genauer untersucht werden.

Den Buchsbaumzünsler bekämpfen

Anders als die übrigen erwähnten Schädlinge, ist der Buchsbaumzünsler nicht zu tolerieren und muss in Befallsgebieten (vor allem im Rheintal) unbedingt bekämpft werden. Dafür stehen auch wirksame biologische Mittel, wie Dipel ES, zur Verfügung.

Sonstige Schaderreger

Neben den genannten, wohl wichtigsten Schaderregern in Mitteleuropa kann der Buchsbaum von weiteren befallen werden, die aber keine so bedeutende Rolle spielen.

Fadenwürmer

In Baumschulen treten manchmal Probleme durch Fadenwürmer (Nematoden der Gattung *Pratylenchus*) auf. Die winzigen, mit bloßem Auge nicht sichtbaren Tiere schädigen die Wurzeln und führen zu Wachstumsdepressionen. In Hausgärten ist der Schädling vermutlich unbedeutend.

Buchsbaumrost

Gelegentlich werden Pflanzen vom Rost (*Puccinia buxi*) infiziert, und es bilden sich im Frühjahr Pusteln auf den Ober- und Unterseiten der grünen Blätter. Anders als bei anderen Rostpilzen sind die kleinen Flecken nicht

gelb oder orange, sondern braun gefärbt. Sie sind aber nur etwa 2 mm groß und leicht gewölbt, also etwas kleiner als die etwa 2–6 mm großen, flachen Flecken vom Buchsbaumblattfall. Buchsbaumrost tritt relativ selten auf, meist reicht ein Entfernen der befallenen Triebe durch Schnitt.

Phytophthora-Fäule und Verticillium-Welke

Aus Nordamerika und den Niederlanden wird von Problemen durch Infektionen mit dem Krankheitserreger *Phytophthora* berichtet. Bei Befall sterben ganze Pflanzen oder Triebe ab, als würden sie vertrocknen oder wären erfroren. Gefördert wird der Erreger durch Staunässe im Boden. Die Symptome können denen von Buchsbaumkrebs ähneln, breiten sich aber unter Umständen stärker aus und es bilden sich keine weißen oder orangefarbenen Sporenbeläge an den Blättern. Wie beim Buchsbaumkrebs ist das Holz durch den Erreger verbräunt oder schwarz und abgestorben.

Ein sehr ähnliches Absterben ganzer Pflanzen oder einzelner Triebe ohne erkennbare Sporenbeläge verursacht auch der Welkepilz *Verticillium dahliae*.

Von *Phytophthora* oder *Verticillium* befallene Pflanzen müssen sofort vernichtet werden.

Blattfleckenerreger

An Buchsbaum treten unterschiedliche Erreger von Blattflecken auf (*Phyllosticta, Ascochyta, Mycosphaerella* u. a.), die sich aber hauptsächlich als Schwächeparasiten auf geschädigten Pflanzen ansiedeln.

Aus Nordamerika wird berichtet, dass dort der Pilz *Macrophoma candollei* (Syn. *Dothiorella*) größere Schäden verursacht, der in Europa als Schwächeparasit ebenfalls bekannt ist. Wie bei anderen pilzlichen Erkrankungen werden Blätter und Zweige befallen, sterben ab und vertrocknen. Ein Unterscheidungsmerkmal von *Macrophoma* gegenüber anderen Erregern sind die auffälligen, kleinen, schwarzen punktartigen Fruchtkörper, die sich auf den abgestorbenen Blättern bilden. *Macrophoma* wird durch Wasserspritzer verbreitet, bei leichtem Befall werden Schnittmaßnahmen empfohlen.

Bei Befall durch *Dothiorella* bilden sich Fruchtkörper in Form von kleinen, schwarzen Punkten – ein deutliches Unterscheidungsmerkmal zu *Cylindrocladium*.

Physiologische Schäden

Auch nichtparasitäre Schäden können bei Buchsbaum erhebliche Probleme bereiten. Wie man sie erkennt und was man dagegen tun kann, lesen Sie im folgenden Kapitel.

Schadursachen erkennen

Nicht alle Pflanzenschäden werden durch parasitäre Erreger, wie Viren, Bakterien, Pilze oder Tiere, verursacht. Auch die Witterung, zu hohe oder zu niedrige Nährstoffversorgung, hohe Lichteinwirkung, mechanische Beschädigung oder der Kontakt mit schädlichen Substanzen können ernste Schäden hervorrufen. Solche Ursachen nennt man abiotisch, physiologisch oder nichtparasitär.

Diagnose

Um Maßnahmen zum Schutz Ihrer Pflanzen zu ergreifen, müssen Sie die genaue Ursache der Schäden kennen. Die Diagnose ist oft schwierig. Auf jeden Fall fehlen bei physiologischen Schäden erkennbare Schaderreger oder Teile davon (Tiere, Pilzfruchtkörper). Die Symptome sind meist Verfärbungen des Blattgewebes, schwacher Wuchs oder Absterbeerscheinungen (Vertrocknen, Verbrennungen), die bei gleichem Symptom verschiedenste Ursachen haben können.

Absterbeerscheinungen

Sterben ganze Triebe oder Pflanzen ab, sind meist Wassertransport oder -aufnahme gestört, die betroffene Pflanze muss also an der Basis unterhalb der Schäden untersucht werden. Zunächst ist zu erwägen, ob der Pflanze (besonders in Töpfen oder nach dem Verpflanzen) zu wenig Wasser zur Verfügung gestanden hat, sie also vertrocknet ist. Zu viel Wasser kann zu denselben Schadsymptomen führen, da es zum Absterben der Wurzeln führt, die Pflanze kein Wasser mehr aufnehmen kann und sie trotz oder gerade wegen hoher Wassermengen im Boden vertrocknet. Frostschäden an der Wurzel oder mechanische Schäden an den Trieben können, genau wie zu hohe Düngung, ebenfalls zum Absterben von Trieben und ganzen Pflanzen führen.

Sind nur die Blätter vertrocknet („verbrannt"), ist meist eine lokale Schädigung die Ursache. Häufig handelt es sich um Urin-Schäden, gelegentlich aber auch um Schäden durch Hitze, z. B. durch heiße Auspuffgase von Kraftfahrzeugen oder motorbetriebenen Geräten (wie Rasenmähern). An sehr jungen Blättern sind aber auch Einstrahlungsschäden (besonders nach Schnittmaßnahmen) oder Frosteinwirkung mögliche Ursachen von Verbrennungen. Helle Laubverfärbung kann mit hoher Einstrahlung zusammenhängen oder auch mit Stickstoffmangel.

Garten-Telefon

Unterstützung bei der Diagnose können zunächst erfahrene Hobby- oder Profigärtner bieten. Besondere Hilfe bieten aber Beratungs-Hotlines der Gartenakademien („Garten-Telefon", siehe Seite 125) und der Pflanzenschutzämter. Ein Problem bei der „Fernberatung" vom Schreibtisch aus ist die Beschreibung des Schadbilds. Am wichtigsten ist zunächst die korrekte Nennung der Pflanzenart und wenn möglich auch der Sorte. Wichtig ist die Beschreibung des Standortes (wie viel Sonne, welcher Boden, wie viel Feuchtigkeit) und der zuletzt durchgeführten Dünge- oder Pflanzenschutzmaßnahmen.

Eine gute Möglichkeit, bei Ferndiagnosen das Schadbild zu verdeutlichen sind Digitalfotos, die schnell per E-Mail verschickt werden können. Dabei sollten Sie beachten, dass die Bilder wirklich scharf und richtig belichtet sind, sonst nützen sie meist wenig. Je nach Schadbild ist es oft hilfreich, wenn zunächst ein Foto der Pflanze mit ihrem Umfeld gemacht wird, auf dem ihr Standort zu erkennen ist, also die benachbarten Pflanzen, Gebäude usw. Dann sollte ein gutes Bild der gesamten Pflanze aufgenommen werden, auf dem der Schaden und seine Position an der Pflanze zu erkennen ist, und dann in immer kleineren Abständen der Schaden selbst. Da die Fotos am Bildschirm begutachtet und nicht gedruckt werden, reicht meist die Einstellung einer geringen Auflösung an der Kamera. Die geringere Datenmenge entlastet zusätzlich das Postfach.

Die Telefonnummern der unterschiedlichen Gartenakademien können Sie auf den Serviceseiten am Schluss dieses Buches nachschlagen, bei den Gartenakademien erhalten Sie auch die Telefonnummern der für Sie zuständigen Pflanzenschutzämter. Beratung am Telefon ist meist kostenlos, wenn Sie Pflanzenproben einsenden oder zu den Pflanzenschutzämtern bringen, müssen Sie je nach Aufwand mit moderaten Gebühren für die Diagnose rechnen.

Winter- und Frostschäden

Die bei uns verbreiteten Buchsarten und -sorten vertragen kalte Temperaturen relativ gut. Im Herbst härten die Zweige langsam ab, verlagern Wasser aus dem Gewebe und über stehen dann Temperaturen auch von unter −20 °C recht gut. Treten sehr plötzlich Kälteeinbrüche auf, oder gehören die Pflanzen zu einer sehr empfindlichen Sorte, kann allerdings auch Buchs erfrieren.

Direkte Frosteinwirkung

Besonders wenn Pflanzen zu spät kurz vor dem Eintreten starker Frostperioden mit klarem Wetter oder zu früh (z. B. im Februar) geschnitten werden und Kahlfröste folgen, kann das freigelegte Gewebe durch Sonneneinstrahlung, Frost und trockenen Wind zerstört werden. Die Schäden ähneln einem Sonnenbrand. Um dies zu vermeiden, sollten Sie günstige Schnitttermine wählen (nach dem Auftreten der letzten starken Fröste).

Aufgrund von niedrigen Wintertemperaturen kann Buchs aber auch (ohne Schnitt) im späten Frühjahr braun werden und komplett vertrocknen. Oft platzt die Rinde über dem Holz, das hell- bis dunkelbraun statt weiß gefärbt ist. Auch die Wurzeln können verbräunen. Das beigebraune, trockene Laub hält lange an der toten Pflanze. Wenn der Frostschaden nicht zu stark war, treibt die Pflanze noch verspätet aus und kann sich erholen. Sind bis Ende Juni keine neuen Blätter sichtbar, ist der Frostschaden wahrscheinlich so stark, dass sie entfernt werden muss.

Frosttrocknis

Besonders bei immergrünen Gehölzen können Schäden durch Frosttrocknis auftreten, die entstehen, wenn der Boden über längere Zeit gefroren ist. Die Wasserversorgung ist dann behindert oder unterbunden, sodass die Pflanzen unter Wassermangel leiden. Herrscht zudem noch eine hohe Sonneneinstrahlung, vertrocknen die Pflanzen rasch.

Wurzelschäden

Die Wurzeln von Gehölzen sind viel kälteempfindlicher als die Triebe. Wenn der Boden gefriert, sinkt die Temperatur je nach Tiefe der Bodenschicht selten unter −5 °C ab, und an diesen Temperaturbereich sind die Buchsbaumwurzeln auch angepasst. In Töpfe dagegen kann die Kälte wesentlich besser eindringen als in den Boden, je nach Größe des Gefäßes liegen die Temperaturen häufig nur knapp über der Lufttemperatur. Das heißt, bei –15 °C in der Luft kann die Temperatur im Topf schon unter –10 °C liegen, was für jüngere Buchsbaumwurzeln tödlich ist. Daher sind erfrorene Buchsbaum-Exemplare in Kübeln oder Töpfen leider auch in milden Regionen häufig zu sehen. Die Pflanzen sterben erst ab März/April langsam ab, sodass sie mitsamt dem daran hängenden Laub vertrocknen. Durch den verzögerten Pflanzentod bleibt der Frostschaden als Ursache häufig unerkannt. Vom Symptom her ist er von einem Trockenschaden durch Wassermangel nicht zu unterscheiden! Allerdings kann bei genauerer Begutachtung der Pflanze das zerstörte, verbräunte Gewebe der Wurzeln und des Wurzelhalses als Unterscheidungsmerkmal zumindest zu frischen Trockenschäden gelten.

Winterschutz

Zum Schutz der Wurzeln gegen Kälte werden Kübelpflanzen mit den Töpfen im Herbst in den Boden eingesenkt. Wenn das z. B. auf einem Balkon oder einer Terrasse nicht möglich ist, sollten die Töpfe dick mit isolierendem Material (Vlies, Jutegewebe) umwickelt werden. Je dicker die Schicht ist,

Der beste Winterschutz für die Wurzeln ist, den Topf einzusenken (links). Wenn das nicht möglich ist, kann er auch mit Vlies oder Ähnlichem umwickelt werden (rechts).

umso besser wirkt sie. Die oberirdischen Pflanzenteile können mit Schattiernetzen oder Tannenzweigen gegen Einstrahlung und Frost geschützt werden.

Schneelast

Schnee auf den Pflanzen sieht hübsch aus und bietet den darunterliegenden Zweigen auch einen gewissen Schutz. Allerdings können Formgehölze durch die Last einer dicken Schicht nassen Schnees verbogen oder ihre Zweige auseinandergedrückt werden. Nachdem der Schnee geschmolzen ist, bewegen sich die Zweige nicht bis ganz in ihre Ursprungsposition zurück. Daher sollten dickere Schneeauflagen abgefegt werden, bevor sie zu schwer werden.

Spätfrost im Mai hat die jungen Austriebe stark geschädigt.

Früh- und Spätfröste

Wird junges, weiches, frisch ausgetriebenes Buchsbaumlaub von Frösten erfasst, erfriert es schon bei knapp unter 0 °C. Das ist z. B. der Fall, wenn nach dem Austrieb im Mai Spätfröste oder vor dem Aushärten eines späten Austriebs im Oktober Frühfröste auftreten. Gegen Spätfröste sollten Pflanzen in Kübeln an geschützte Plätze geräumt werden, ausgepflanzte Exemplare können mit Vlies abgedeckt werden.

Um Frühfrost-Schäden vorzubeugen, sollten die Pflanzen nicht zu spät im Sommer geschnitten werden, damit kein später Trieb entsteht (siehe Kapitel „Buchsbaumschnitt" Seite 62). Früh- und Spätfrostschäden sind allerdings für die Pflanzen relativ leicht zu verkraften, da die älteren Blätter und Zweige sie meist gut überstehen und später neu austreiben.

Sonnenschäden

Wie die menschliche Haut, so ist auch Pflanzengewebe empfindlich gegen Sonneneinstrahlung und kann geschädigt werden, wenn es nicht genügend an sie gewöhnt ist. Buchsbaum ist in dieser Hinsicht ähnlich empfindlich wie andere Pflanzengattungen.

Buchsbaumlaub, das in der Sonne wächst, verträgt die Sonneneinstrahlung gut. Wird es aber von anderen Trieben überwachsen und dadurch über einen längeren Zeitraum schattiert, verliert es diese Eigenschaft langsam. Wenn nach dem Schnitt und dem Entfernen der jungen Triebe wieder intensives Sonnenlicht auf die älteren Blätter fällt, können sie geschädigt werden: Sie werden hell, fast weiß, besonders dort, wo das Sonnenlicht sie am meisten trifft. Schattierte Blätter oder Blattbereiche bleiben grün. Neben der sehr kurzwelligen, aggressiven ultravioletten Strahlung können auch zu hohe Mengen an sichtbarem Licht, die von der Sonne ausgehen, das Gewebe schädigen. Außerdem können durch die Einstrahlung im Blattgewebe hohe Temperaturen entstehen, die zu Schäden führen, wenn sie über 40 °C erreichen. Die Symptome sind allerdings dieselben wie die, die durch die direkte Strahlung entstehen.

Starke Sonnen-
einstrahlung nach
dem Schnitt kann
die freigelegten
Blätter schädigen.

Daher wird oft empfohlen, Formgehölze und Hecken nicht bei Sonne zu schneiden. Das ist grundsätzlich richtig. Wenn aber der Schnittzeitpunkt in einer Schönwetterperiode liegt, nützt es nichts, die Pflanzen abends zu schneiden, wenn die Sonneneinstrahlung nachgelassen hat. Denn der Sonnenschein des nächsten Tages verbrennt sie doch. Kann der Schnitttermin nicht auf eine Witterungsperiode mit wenig Sonneneinstrahlung verschoben werden, decken Sie die frisch geschnittenen Pflanzen mit Schattiernetz oder ähnlichem Gewebe ab und härten sie dann langsam ab, indem Sie die Schattierung täglich nur während der Stunden der größten Einstrahlung auflegen und dann Tag für Tag für immer kürzere Zeit schattieren. Kübelpflanzen können Sie stattdessen für ein paar Tage in den Schatten stellen.

Einen gewissen Effekt hat auch, die Pflanzen relativ früh zu schneiden, also schon im Mai/Juni, wenn das tiefer liegende Laub noch nicht so lange schattiert war und etwas mehr Sonne verträgt. Einstrahlungsschäden entstehen besonders nach sehr tiefem Pflegeschnitt, bei dem fast der gesamte Neuzuwachs entfernt wird. Wenn die Pflanzengröße es zulässt, ist es daher pflanzenschonender, nicht zu tief zu schneiden und etwas Neutrieb über den alten Blättern stehen zu lassen.

Sonnenbrandschäden sehen hässlich aus, beeinträchtigen die Pflanzen aber nicht nachhaltig, da die kräftigeren Zweige normalerweise nicht geschädigt werden und ihre Knospen bald neu austreiben.

Verbrennungen

Vertrocknen die Blätter und jungen Triebe auf einer relativ scharf umrissenen Fläche und werden beigebraun, können Schäden durch Streusalz oder durch Urin die Ursache sein.

Später treiben neue Triebe aus der Basis wieder aus und die kahle Stelle überwächst langsam, wenn sie nicht erneut geschädigt wird („Verbrennungen" durch Sonneneinstrahlung siehe Seite 42 – 43).

Streusalzschäden

Im Winter wird häufig Natriumchlorid als Streusalz eingesetzt, um auf Straßen und Gehwegen Schnee und Eis aufzutauen. Natrium und besonders Chlorid können sowohl durch Aufnahme über die Wurzel als auch durch direkten Kontakt mit den Blättern bei manchen Pflanzen erhebliche Schä-

Hunde und Katzen können durch regelmäßiges Markieren ihres Reviers Verbrennungen am Laub verursachen.

den verursachen. Buchsbaum gehört zu den Pflanzen, die besonders empfindlich gegen Kontakt mit streusalzhaltigem Wasser sind. An Hecken oder
Formgehölzen sieht man häufig gegen Ende des Winters im unteren Bereich
Verbrennungen, die von Spritzern streusalzhaltigen Tauwassers verursacht
werden.

Streusalz kann aber auch über die Wurzeln aufgenommen werden.
Das aufgenommene Chlorid wird dann in die Außenbereiche der Blätter
verlagert, und es entstehen breite, braune Blattränder. Bei sehr großen
Chloridmengen können junge Triebspitzen verbräunen oder ältere Blätter
abgeworfen werden.

Um solchen Schäden vorzubeugen, sollte man am besten auf den Einsatz
von Streusalz verzichten und stattdessen abstumpfende Granulate streuen.
Ist der Einsatz von Streusalz unverzichtbar oder hat man keinen Einfluss
darauf, bestehen kaum praktikable Möglichkeiten, die Schäden zu verhindern.

Urin

Hunde und Katzen markieren ihr Revier mit Urin. Buchsbaum ist außer-
gewöhnlich empfindlich gegen Urin. Je nach Tierrasse kann der Urin unterschiedlich aggressiv sein, sodass geringe Mengen einer kleinen Hunderasse
problematischer sein können als höhere Mengen eines großen Tiers. Wenn
es möglich ist, sollte versucht werden, die Tiere von ihrem Tun abzuhalten.
Dafür werden verschiedene Duftstoffe (Repellents) angeboten und auch
technische Vorrichtungen (Ultraschallgeräte mit Bewegungsmeldern). In
manchen Fällen nehmen die Tiere auch einen Pfosten an, der als Alternative
zum Buchsbaum aufgestellt wird.

Chloridhaltige Dünger
Chloridschäden können auch bei der irrtümlichen Verwendung chloridhal-
tiger Dünger aus der Landwirtschaft (Korn-Kali, Kainit) auftreten, denn für
Buchsbaum und andere Gehölze kommen nur chloridarme Mineraldünger,
wie „Blaukorn", oder organische Dünger infrage.

Blattrandchlorosen

Eine auffällige Eigenschaft mancher Buchsbaumsorten ist die Bildung scharf abgegrenzter, schmaler, zartgelber Chlorosen (Gelbverfärbungen) an den Blatträndern.

Manchmal sind sie entlang des ganzen Blattrandes zu finden, meist aber nur am oberen Teil des Blattes und manchmal lediglich punktartig an der Blattspitze. Es handelt sich allerdings nur um einen äußerlichen Makel, denn das Wachstum und die Gesundheit der Pflanzen werden dadurch nicht nennenswert beeinträchtigt.

Ursache ungeklärt

Die genaue Ursache der Blattrandchlorosen ist bis jetzt ungeklärt. Mehrjährige Untersuchungen der Lehr- und Versuchsanstalt für Gartenbau Bad Zwischenahn haben gezeigt, dass die in der Fachliteratur häufig geäußerten Vermutungen, die Symptome würden durch Stickstoff-, Phosphor-, Magnesium- oder Kalziummangel oder zu niedrige pH-Werte des Bodens verursacht, nicht zutreffen. Allerdings konnte bei den Pflanzen mit Blattrandchlorosen auch keine andere Ursache nachgewiesen werden. Der Verdacht, der nach den ersten Versuchen aufgetreten war und gelegentlich in der Fachliteratur wiedergegeben wird, es handele sich um Zinkmangel, bestätigte sich in späteren Untersuchungen nicht.

Gleichmäßige Ernährung

Entsprechende Versuche ergaben einen deutlichen Zusammenhang von Blattrandchlorosen mit der Nährstoffversorgung, da die Symptome bei relativ hoher, ausgewogener Düngung geringer waren. Außerdem traten sie bei sehr gleichmäßiger Wasserversorgung sowie im Schatten kaum auf. Wurzelschäden (z. B. durch Verpflanzen) und Trockenheit, vor allem in zu kleinen Töpfen, förderten dagegen das Symptom. Besonders stark treten die Blattrandchlorosen dann auf, wenn die Pflanzen relativ spät verpflanzt werden oder der Wurzelballen relativ klein gestochen wurde. Außerdem werden sie auf leichten Sandböden häufiger beobachtet als auf schweren Lehmböden, was mit der unterschiedlichen Wasserspeicherkraft zusammenhängen kann. Um Blattrandchlorosen soweit wie möglich zu vermeiden, sollten die Pflanzen daher gleichmäßig bewässert, ausgewogen gedüngt (besonders mit Kalium, Magnesium und Spurenelementen) und wenn möglich schattiert werden. „Stress" aller Art sollte also vermieden werden.

Sortenanfälligkeit

Die besonders weit verbreitete Standardsorte *Buxus sempervirens* var. *arborescens* neigt sehr zur Bildung von Blattrandchlorosen, noch stärker ist die Sorte 'Angustifolia' betroffen. Auch die kanadische Sortengruppe um 'Green Gem' bildet das Symptom aus. Unanfällig gegenüber Schäden dieser Art sind dagegen 'Blauer Heinz', 'Herrenhausen', 'Faulkner', 'Rotundifolia' und viele andere Sorten.

Buxus sempervirens var. *arborescens* und manche anderen Sorten neigen stark zur Bildung von Blattrandchlorosen.

Orangefarbene
Blattspitzen
können durch
Magnesiummangel
entstehen.

Orangefarbene Blattspitzen

Zusammen mit Blattrandchlorosen, gelegentlich aber auch allein, bilden sich an Buchsbaum, die unter Stress stehen oder von Unkraut bedrängt sind, häufig orangerote Blattspitzen aus. Meist befindet sich an der äußersten Blattspitze außerdem ein kleiner hellgrauer Fleck.

Magnesiummangel

Lynn R. Batdorf (1997) vermutet als Ursache dieses Symptoms Magnesiummangel, und auch Untersuchungen in Bad Zwischenahn weisen darauf hin, dass Magnesiummangel eine Ursache dafür sein kann. Dieses Defizit entsteht allerdings weniger dadurch, dass zu wenig Magnesium im Boden vorhanden ist, sondern eher dadurch, dass die Pflanzen diesen Nährstoff bei Trockenheit oder wegen einer Schädigung der Wurzeln nicht aufnehmen können. In Bad Zwischenahn traten übrigens bei Kalzium- oder Kaliummangel sowie bei zu hoher Düngung ähnliche Symptome auf: Die Blattspitzen waren ebenfalls verfärbt, aber eher bräunlich als orangerot. Vermutlich können also verschiedene Ursachen zu ähnlichen Schäden führen.

Stress vermeiden

Wie bei den Blattrandchlorosen ist der Schaden kosmetischer Natur und bildet keine ernste Gefahr für die Pflanzen. Die Gegenmaßnahmen sind die gleichen wie bei den Blattrandchlorosen: Gleichmäßige, ausgewogene und ausreichende Düngung, gleichmäßige Wasserzufuhr, die Vermeidung von Wurzelschäden und nach Möglichkeit Schattierung. Bei starken Symptomen sollte der Boden untersucht oder das Substrat im Topf gewechselt werden.

Magnesium, Kalium und Kalzium

Magnesium ist ein Gegenspieler (Antagonist) von Kalium und Kalzium. Bei der Aufnahme durch die Wurzel konkurrieren die positiv geladenen Kationen von Kalium, Magnesium und Kalzium miteinander. Damit diese Elemente im Stoffwechsel in ausreichenden Mengen zur Verfügung stehen, ist nicht allein entscheidend, dass genug davon im Boden vorhanden ist, sondern auch, dass die Gehalte in einigermaßen harmonischem Verhältnis zueinander stehen. Sehr hohe Gaben an Magnesium (z. B. Bittersalz) oder Kalium und Magnesium (z. B. Kalimagnesia), die manche Gärtner zur vermeintlichen Verbesserung der Frosthärte oder der Laubfärbung düngen, können die Kalziumaufnahme blockieren. „Gewaltaktionen" mit Düngern sind daher eher schädlich als förderlich. Ziehen Sie eine vorsichtige, harmonische Düngung mit Kompost und/oder Düngern, deren Nährstoffgehalte gut aufeinander abgestimmt sind, vor (siehe Kapitel „Düngung" Seite 58).

Braune Triebspitzen bei 'Globosa'

Die Sorte 'Globosa' neigt dazu, ähnliche Symptome an ihren Triebspitzen auszubilden wie bei den orangefarbenen Blattspitzen. Allerdings werden die ganzen Blätter geschädigt und die Farbe ist eher bräunlich als orange. Die Ursache ist nicht bekannt, Gegenmaßnahmen gleichen denen gegen orangefarbene Blattspitzen.

Braunfärbung im Winter

Im Herbst oder Winter färbt sich das Buchsbaumlaub manchmal bräunlich oder bronze- bzw. kupferfarben. Besonders betroffen sind Pflanzen, deren Blätter im Sommer hell gefärbt waren, sowie Pflanzen, die in Töpfen, auf verunkrauteten oder auf staunassen Flächen stehen.

Die bräunlichen Blätter vertrocknen allerdings nicht, sondern werden im Frühjahr bei wärmeren Temperaturen von selbst wieder grün. Pflanzen im Schatten sind nicht oder kaum betroffen.

Carotinoide

Ähnlich wie bei Eiben und manchen anderen Nadelgehölzen bilden die Blätter von Buchsbaum zum Schutz gegen Sonne bei kühlen Temperaturen zu den Carotinoiden gehörende Xanthophylle (Eschscholtzxanthin-Verbindungen) aus, die rötlich gefärbt sind und in der Mischung mit dem Grün des Chlorophylls eine olivfarbene bis bräunliche oder kupferfarbene Blattfarbe hervorrufen. Carotinoide filtern die Strahlung und haben außerdem eine antioxidative Wirkung, die die Zellen schützt. Denn obwohl das Sonnenlicht im Winter schwächer strahlt als im Sommer, können die Zellen unter zu hoher Einstrahlung leiden, da die Fotosynthese auch bei kühlen Temperaturen ungehindert weiterläuft. Die durch die Lichtenergie bei der Fotosynthese entstandenen Stoffe können bei kühlen Temperaturen (oder bei Stress) nur verringert weiterverarbeitet werden und ohne den Schutz der Carotinoide Schäden verursachen. Die Braunfärbung im Winter ist also keine Schädigung, sondern schützt die Pflanzen und kann auch ein Hinweis auf einen Stresszustand sein.

Stickstoffmangel

Besonders auffällig ist die Bildung der Carotinoide bei Pflanzen mit Stickstoffmangel. Dieser tritt vor allem dann auf, wenn die Pflanzen in zu kleinen Töpfen stehen oder von Unkrautkonkurrenz bedrängt sind. Aber auch bei Exemplaren mit Wurzelschäden (z. B. durch Staunässe), die die Stickstoffaufnahme behindern können, wird die Braunverfärbung sehr intensiv.

Eine Stickstoffdüngung im Herbst/Winter als sofortige Gegenmaßnahme wirkt leider nicht, sondern ist sogar umweltschädlich, da die Nährstoffe nicht aufgenommen, sondern unter Umständen ins Grundwasser ausgewaschen werden. Erst im Frühjahr können die Pflanzen wieder mit Stickstoff versorgt werden, und damit die Belaubung im folgenden Herbst nicht wieder braun wird, ist auf eine gleichmäßig hohe Stickstoffversorgung besonders im Hochsommer (Juli/August) zu achten. Staunässe muss natürlich vermieden und Unkrautkonkurrenz beseitigt werden.

Im Winter kann sich das Laub von Buchsbaum bräunlich bis kupferrot verfärben.

Betroffene Sorten

Manche Sorten neigen im Winter besonders stark zur Braunfärbung, vor allem 'Faulkner', 'Herrenhausen' und 'Handsworthiensis'. Je nach Ernährungszustand können aber auch alle anderen Sorten betroffen sein. Bei Sorten, die zur Braunfärbung neigen, muss diese entweder akzeptiert werden, oder die Pflanzen sollten von vornherein an nicht zu sonnige Standorte gepflanzt und gut ernährt werden.

Pflege und Schnitt

Bei richtiger Pflege kann Buchsbaum jahrzehntelang attraktiv bleiben. Einige Pflegehinweise dazu werden in den folgenden Kapiteln gegeben.

Buchsbaum verträgt Schatten und Sonne gleichermaßen, aber bei viel Licht verfärben sich manche Sorten (wie hier links im Bild) gelblich bis bräunlich.

Standort

Die Grundlage für ein gesundes Pflanzenwachstum bildet immer der geeignete Standort. *Buxus* gehört zwar nicht zu den anspruchsvollsten Gehölzen, aber um ihn attraktiv zu halten, sind einige Regeln zu beachten.

Sonne und Schatten

Buchsbaum verträgt Schatten wie kaum ein anderes Gehölz, wächst dort allerdings locker. Je mehr Sonne er bekommt desto dichter wird er. Formgehölze stehen daher am besten sonnig bis halbschattig. Damit Pilzkrankheiten, wie Buchsbaumblattfall, weniger Chancen haben, sollte der Standort zudem luftig sein.

Boden

Wie fast alle Gehölze verträgt Buchsbaum keine Staunässe. Viele andere Pflanzen, etwa Eiben oder Scheinzypressen, sind aber in dieser Hinsicht noch deutlich empfindlicher als der Buchs.

Buchs verlangt eine gleichmäßig hohe Nährstoffzufuhr und eine ebenfalls gleichmäßige Wasserversorgung. Daher gedeiht er am besten auf mittelschweren bis schweren, aber durchlässigen Böden. Er kommt aber auch auf armen Sandböden zurecht, kann dann allerdings Mangelerscheinungen (Kupferfärbung, Blattrandchlorosen oder helle Laubfärbung) zeigen. Sehr leichte, sandige Böden bieten oft eine zu geringe Nährstoffversorgung, hier ist eine organische, lange wirkende Düngung empfehlenswert.

Kalkgehalt

Buchsbaum kommt in der Natur besonders auf kalkhaltigen Standorten vor. Als pH-Wert-Bereich der für Buchsbaum geeigneten Böden wird in der Literatur häufig 6,5 – 8,5 angegeben, also neutral bis leicht alkalisch. Nach Erfahrungen der LVG Bad Zwischenahn wächst Buchsbaum aber durchaus auch gut auf sauren Böden. Auf humosen Sandböden traten erst unter einem pH-Wert von 4,0 (gemessen in $CaCl_2$-Lösung) Schäden auf: Wurzelschäden und Wachstumsstockungen. In Süddeutschland wurden auf Lehmböden pH-Werte um 5,0 gut vertragen. Zu niedrige pH-Werte lassen sich durch regelmäßige Kalkung langsam erhöhen. Auf leichten (sandigen) Böden werden in Zeitabständen von einem halben bis einem Jahr etwa 200 g kohlensaurer Kalk (Kalkmergel) pro Quadratmeter gestreut, bis der gewünschte pH-Wert erreicht ist, auf schweren Böden bis zu 400 g Branntkalk. Für Buchsbaum zu hohe pH-Werte sind unbekannt.

Gut zu Wissen: Der pH-Wert des Bodens wird in Deutschland in $CaCl_2$-Lösung gemessen, im Ausland meist in destilliertem Wasser. Daher können pH-Wert-Empfehlungen aus dem Ausland nicht ohne Anpassung übernommen werden.

Frostlagen

Die meisten der bei uns verbreiteten Sorten von Buchsbaum gehören zu den frosthärtesten immergrünen Laubgehölzen überhaupt. Trotzdem sollten Standorte, die häufig Spätfrösten ausgesetzt sind, oder extrem kalte Lagen gemieden werden. In Skandinavien oder Osteuropa gerät Buchsbaum an die Grenzen seiner Frosthärte, hier sollten besonders harte Sorten wie 'Polar' gepflanzt werden.

Pflanzung

Buchsbaum lässt sich innerhalb von etwa sechs Stand-
jahren relativ gut verpflanzen, danach steigt das Risiko
von Anwachsproblemen deutlich an.

Geeignetes Pflanzmaterial

Buchsbaumpflanzen werden meist in Töpfen (Containern) angezogen und
verkauft. Pflanzen, die im Boden kultiviert und vor dem Verkauf nur in den
Topf gedrückt wurden, sind allerdings von minderer Qualität. Sie erkennen
sie daran, dass im Topf kein dunkles Humussubstrat zu sehen ist, sondern
Mineralboden. Außerdem sind die Wurzeln von den Rodemessern frisch
abgeschnitten.

Größere Pflanzen werden mit Ballen aus dem Boden gestochen. Ballen-
tuch und eventuell Drahtkorb, die den Ballen umhüllen, werden bei der
Pflanzung nicht entfernt, sondern am Stamm durchtrennt, falls sie ihn eng
umschließen. Sie verrotten später im Boden. Sehr kleine Pflanzen, z. B. Einfassungsbuchs als „Meterware" für Parterrehecken, sind auch wurzelnackt
gut zu pflanzen.

Bei der Pflanzung sollten Sie mit der Erde einen ausreichenden Gießrand formen, damit Sie wirksam wässern können.

Pflanzloch

Das Pflanzloch sollte etwa den eineinhalbfachen Durchmesser des Ballens haben und der Boden des Loches muss gut gelockert sein. Dünger gehört nicht ins Pflanzloch, sondern wird bei Bedarf hinterher aufgestreut. Nach der Pflanzung wird der Boden vorsichtig angetreten, ein Gießrand angelegt und bewässert, um einen guten Kontakt zu den Wurzeln herzustellen. Ab etwa 1,50 m Pflanzenhöhe sollten der Buchs je nach Wind an einen Pfahl gebunden werden. Ein Pflanzschnitt ist bei Buchsbaum normalerweise nicht nötig.

Pflanzzeit

Buchsbaum lässt sich sehr gut verpflanzen, fast das ganze Jahr über. Im Sommer während des vegetativen Wachstums sollten nur Containerpflanzen gesetzt werden, ansonsten ist von Ende August bis Mai, also solange der Boden nicht tief gefroren ist, Pflanzzeit.

Die Pflanze wird niemals tiefer gepflanzt, als sie in der Baumschule gestanden hat (rote Linie), dann wird Erde eingefüllt und festgetreten. Zum Schluss wird die Pflanze bei Bedarf an einem Pfahl befestigt und angegossen.

Düngung

Buchsbaum hat einen relativ hohen Nährstoffbedarf, vor allem im Spätsommer. Bei Formgehölzen wird durch den regelmäßigen Schnitt junges, nährstoffreiches Gewebe entzogen, wodurch Formgehölze deutlich stärker als frei gewachsene Pflanzen auf eine Düngung angewiesen sind.

Harmonische Nährstoffversorgung

Nährstoffmangel äußert sich in schwachem, schütterem Wachstum sowie in heller und im Winter brauner oder kupferfarbener Laubfärbung und bei manchen Sorten in der Ausbildung von Blattrandchlorosen.

Auf schweren, lehmhaltigen Böden, die hohe Nährstoffmengen speichern, ist eine Düngung in vielen Fällen unnötig, auf leichteren Böden und in Töpfen aber unverzichtbar. Als Faustregel gilt, dass auf nährstoffarmen Böden 30 – 50 g/m² Mineraldünger gestreut werden können. Organische Dünger werden, je nach Nährstoffgehalt, höher dosiert. Bei leichteren Böden teilen Sie die Mengen von schnell löslichen Düngern wie „Blaukorn" am besten auf zwei Gaben im Mai und Juli auf. Langzeitdünger, Depotdünger oder organische Dünger wie Hornspäne können im Frühjahr in einer einzigen Gabe verabreicht werden, da sie ihre Nährstoffe langsam abgeben. Spezielle Buchsbaumdünger sind gut geeignet, Mehrzweckdünger reichen aber völlig aus.

Vorsicht beim Düngen

Düngen Sie Buchsbaum am besten vorsichtig und mit harmonisch aufeinander abgestimmten Nährstoffgehalten. Übermäßige Düngermengen (z. B. Kalium oder Bittersalz um Frosthärte oder Ausfärbung zu verbessern) sind nicht empfehlenswert, sondern können Schäden verursachen.

Düngung von Kübelpflanzen

Pflanzen in Töpfen oder Kübeln haben nur einen begrenzten Wurzelraum und sind daher besonders anspruchsvoll im Hinblick auf die Düngung. Sie sollten entweder regelmäßig flüssig (über das Gießwasser) gedüngt werden, je nach Produkt z. B. zweimal pro Woche von Mai bis August, oder es werden Depotdünger, wie Osmocote, verwendet, die ins Substrat gemischt oder aufgestreut werden. Solche Depotdünger mit einer Ummantelung aus

Kunststoff, Harzen oder Wachsen geben ihre Nährstoffe nur sehr langsam frei, sodass bei fachgerechtem Einsatz kein Risiko von Überdüngung oder Nährstoffverlusten durch Auswaschung besteht. Da die Pflanzen regelmäßig frisches Substrat („Blumenerde") brauchen, sollten sie alle ein bis zwei Jahre in ein größeres Gefäß umgetopft werden. Wenn das aus Platzgründen nicht mehr möglich ist, werden sie wenigstens im gleichen Zeitabstand ausgetopft, ihre Wurzeln etwas eingekürzt und mit neuem Substrat versorgt.

Kompost

Eine gute Möglichkeit für die Nährstoffversorgung ist der Einsatz von Kompost. Je nach Nährstoffgehalt werden jährlich etwa 5 l Gartenkompost oder 2 – 3 l (nährstoffreicherer) Grünkompost pro m² ausgestreut.

Vermehrung

Buchsbaum wird meist durch Stecklinge vermehrt, die leicht wurzeln, allerdings manchmal mehrere Monate Zeit dafür benötigen. Der günstigste Vermehrungszeitraum ist der August, aber auch andere Zeitpunkte sind möglich.

Aussaat ist für die Standardvermehrung nicht üblich, da die Sämlinge sehr unterschiedlich wachsen. Die Züchtung geschieht aber in der Regel über gezielte Kreuzungen, nachfolgende Aussaat und schließlich die Auslese der interessantesten Sämlinge. Die Samen werden im September geerntet, kühl und feucht gelagert (stratifiziert) und im kommenden Frühjahr ausgesät. Samen jüngerer Pflanzen sind oft taub (nicht keimfähig).

Auch Teilung ist möglich, diese Methode finden Sie in der Beschreibung der Sorte 'Suffruticosa' auf Seite 95.

Vom Pflanzschnitt bis zum Pflegeschnitt

Buchsbaum ist eines unserer schnittverträglichsten Gehölze überhaupt und wird daher häufig als Heckenpflanze oder Formgehölz verwendet. Bei den Schnittmaßnahmen unterscheidet man grundsätzlich zwischen Pflanzschnitt, Aufbauschnitt (Erziehungsschnitt) und Erhaltungsschnitt (Pflegeschnitt).

Pflanzschnitt

Anders als bei vielen anderen Gehölzen ist ein Pflanzschnitt, der den Verlust an Wurzeln beim Verpflanzen ausgleichen soll, bei Buchsbaum in der Regel nicht nötig.

Erziehungsschnitt

Um eine bestimmte Form zu erziehen, wird die Pflanze mehrere Jahre lang vorbereitet. Geometrische Formgehölze und Heckenpflanzen werden langsam in die vorgesehene Form geschnitten, Skulpturen an Schablonen gebunden und geleitet. Ziel des Erziehungsschnitts ist ein möglichst hoher

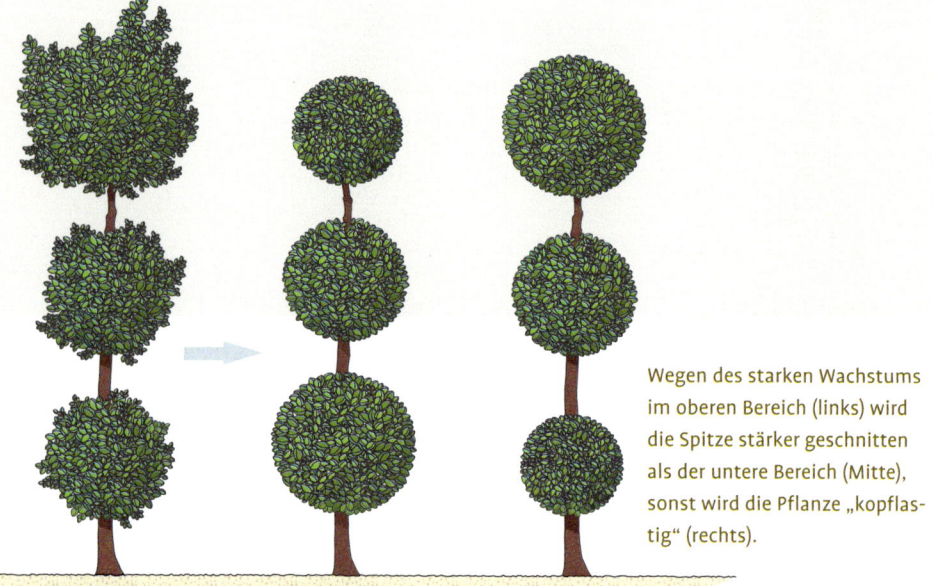

Wegen des starken Wachstums im oberen Bereich (links) wird die Spitze stärker geschnitten als der untere Bereich (Mitte), sonst wird die Pflanze „kopflastig" (rechts).

Größenzuwachs und gleichzeitig eine gute Verzweigung. Werden die jungen
Triebe zu stark eingekürzt, fehlt der Zuwachs. Werden sie zu lang gelassen,
verzweigen sie sich schlecht und die Pflanze wird zu locker. Je nach Sorte
und Wuchsstärke können etwa zwei Drittel des Neutriebs entfernt werden.
Baumschulen erzielen bei formgeschnittenen Buchsbaum-Pflanzen jedes
Jahr einen Zuwachs von rund 5 – 10 cm.

Rückschnitt

Beim Erziehungsschnitt oder zur Verjüngung ist manchmal ein starker
Rückschnitt nötig. Buchsbaum verträgt Rückschnitt sehr gut, auch Jahrzehnte alte Äste können auf unbelaubtes Holz eingekürzt werden. Der beste
Zeitraum ist das Frühjahr (März), damit der Pflanze genug Zeit bleibt, wieder auszutreiben und vor dem Frost gut abzuhärten.

Da das Holz von Buchsbaum sehr dicht ist und wenig Wasser verdunstet,
brauchen Wunden nicht mit Wundverschlussmitteln verstrichen zu werden.
Sind starke Rückschnittmaßnahmen (Verlust von mehr als der Hälfte der
Blattmasse) nötig, sollten Sie diese nicht im Verpflanzjahr durchführen,
sondern zwei bis drei Jahre vorher oder nachher. Dann erholt sich die
Pflanze schneller.

Mit einem Band kann der
Verlauf des Wulstes einer Spirale
festgelegt werden.

Pflegeschnitt

Hecken oder Formgehölze werden meist zweimal im Jahr geschnitten, damit ihre Form erhalten bleibt. Bei sehr wüchsigen Pflanzen und frühem Termin des ersten Schnittes kann auch ein dritter Schnitt nötig sein, bei sehr langsam wachsenden Pflanzen reicht manchmal ein einziger Schnitt zu einem späten Termin. Wer Arbeit sparen will, legt den ersten Termin möglichst spät, z. B. in den Juli. Die Pflanzen treiben dann normalerweise noch einmal mit weniger Trieben aus, diese können im September oder Oktober geschnitten werden. Andere Schnitttermine sind allerdings auch möglich und schaden der Pflanze nicht unbedingt.

Eine Faustregel ist, dass Juni und Juli die besten Monate für den ersten Pflegeschnitttermin sind. Ende August ist ein ungünstiger Zeitpunkt, da die Pflanzen dann erst sehr spät wieder austreiben und diese neu gebildeten Triebe bis zum Frost nicht mehr aushärten.

Folgen auf den Schnitt starke Fröste, können die Blätter und jungen Zweige ebenfalls absterben, Schnitttermine von November bis Ende Februar sind daher je nach darauf folgender Witterung riskant.

Je häufiger die Pflanzen geschnitten werden desto dichter werden sie. Um Formen zu erhalten, müssen Sie praktisch den ganzen Neutrieb entfernen, der über die Form hinaus gewachsen ist. Sonst ist nach einigen Jahren ein Rückschnitt nötig.

Bei spätem Schnitt, wenn die Zweige schon ausgehärtet sind, steigt das Risiko von Verbrennungen der darunterliegenden Triebe.

Unterschiedliche Scherenformen

Für den Schnitt werden verschiedenste Werkzeuge angeboten. Einhandscheren sind vor allem für kleinere Flächen gut geeignet, also für Skulpturen und Spiralen. Bei Einhandscheren liegt allerdings alles Gewicht auf einer Hand, sodass bei längerer Arbeit der betroffene Arm stark belastet wird. Profis arbeiten daher meist mit Beidhandscheren, den typischen Heckenscheren, bei denen sich die Belastung auf die beiden Schultern verteilt. Für Hecken und größere Flächen werden Scheren mit längeren Klingen eingesetzt, für Kugeln und Formen kürzere. Auch Motorgeräte sind gut geeignet. Entscheidend ist, dass sie regelmäßig geschärft werden, damit das Pflanzengewebe an den Schnittstellen nicht zu sehr gequetscht wird.

Geometrische Formen

Die meisten Buchsbaumsorten eignen sich durch ihr dichtes Wachstum hervorragend zum Schnitt von Formgehölzen. Geometrische Pflanzen bilden interessante Kontraste zu frei gewachsenen Sträuchern sowie Stauden und passen gut in Bauerngärten oder als Portalpflanzen rechts und links eines Weges.

Kugel

Kugeln werden frei Hand nach Augenmaß geschnitten (siehe Seite 60). Mit einem Zollstock und Stäben können Sie den Grundaufbau vorgeben. Meist wird zunächst der untere Bereich der Kugel geschnitten, weil dabei Zweige, die der Pflanzenbasis entspringen, entfernt werden können und die dadurch entstehenden Lücken rechtzeitig sichtbar werden. Als nächstes wird durch seitlichen Schnitt die Breite der Kugel festgelegt und am Schluss die Höhe. Die umgekehrte Vorgehensweise ist aber ebenfalls möglich.

Damit die Kugel später nicht auseinanderfällt, sollte schon die Jungpflanze regelmäßig geschnitten werden, dann verzweigt sie sich gleichmäßig von innen her.

Kugeln werden oft auf einem Stamm gezogen oder übereinander gesetzt. Solche mehrfachen Kugeln übereinander nennt man „Pudel". Die oberste der Kugeln neigt gewöhnlich zu besonders starkem Wachstum, sollte aber kleiner oder höchstens genauso groß werden

wie die übrigen. Daher muss sie am stärksten geschnitten werden, zu zaghafter Schnitt lässt die Form „kopflastig" werden.

Buchsbaum eignet sich hervorragend zum Schnitt attraktiver Würfel und Kugeln.

Würfel, Pyramide und Kegel

Würfel und Pyramiden haben quadratische Grundflächen. Zum Aufbauschnitt werden am besten Bambusstäbe als Schablone in den Boden gesteckt und miteinander verbunden. Nach dem ersten Aufbauschnitt ist die Grundform meist soweit erkennbar, dass die nächsten Schnittmaßnahmen ohne Stäbe durchgeführt werden können.

Für einen regelmäßigen Aufbau eines Kegels können als Schnitthilfe drei oder vier Stäbe ähnlich wie bei einer Pyramide in gleichmäßigem Abstand vom Mitteltrieb in den Boden gesteckt und an der Terminale zusammengebunden werden. Allerdings werden die Triebe so geschnitten, dass sich eine runde Grundform statt einer quadratischen ergibt.

Mit einer Schablone aus Bambusstäben kann man Pflanzen zu einem Würfel schneiden.

Skulpturen

Buchsbaum eignet sich gut für kleinere und mittelgroße Skulpturen von etwa 1 – 2 m Größe, für größere sind die stärker wachsenden Eiben vorzuziehen.

Spirale

Als Grundform für eine Spirale zieht man zunächst einen schmalen Kegel, der sich dicht verzweigt (siehe Seite 61). Dabei sollten sich die Seitenzweige möglichst waagerecht entwickeln und kurz bleiben. Steil aufrecht wachsende Seitentriebe müssen entfernt werden.

Den Verlauf des Wulstes, der später die Form bildet, kann man z. B. durch spiralförmiges Auflegen eines Bandes markieren, oder aber durch Stäbe mit abwechselnden Höhenmarkierungen. Die Zweige in den Zwischenräumen werden dann entfernt, und spätestens nach zwei oder drei Schnittterminen unter Zuhilfenahme von Band oder Markierstäben ist der Verlauf des Wulstes so gut zu erkennen, dass ohne Hilfsmittel geschnitten werden kann.

Der Wulst kann eng in vielen Drehungen um den Mitteltrieb wachsen oder nach oben gerichtet in wenigen Drehungen.

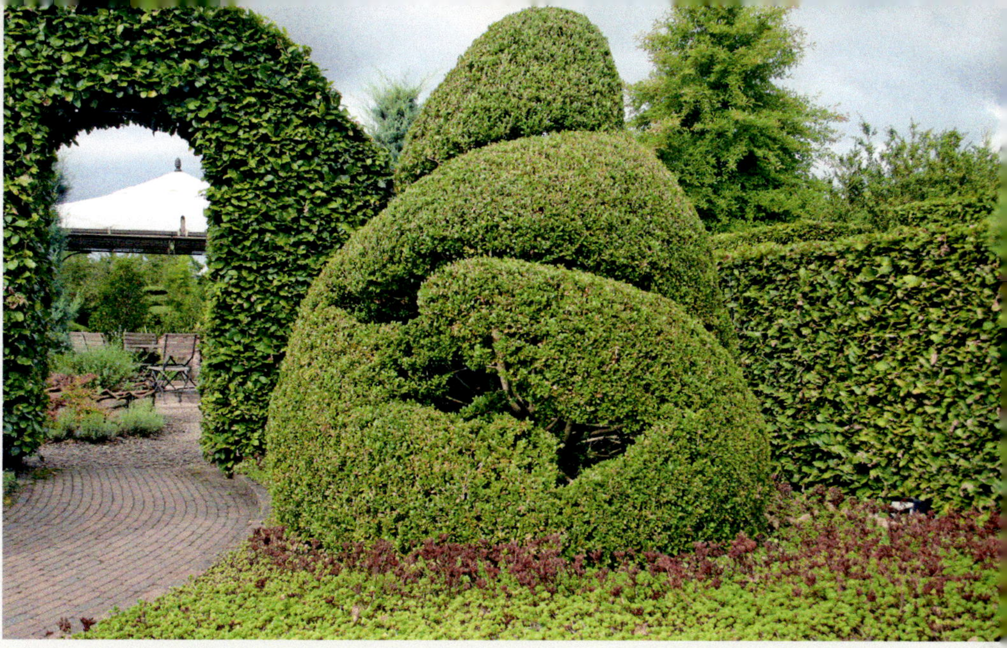

Auch abstrakte Fantasieformen haben ihren Reiz.

Figuren, Buchstaben und Ziffern

Je nachdem, wie filigran die Formen sein sollen, können Skulpturen frei Hand geschnitten werden oder aber mithilfe einer Schablone, die man meist in die Pflanzen einwachsen lässt, sodass sie permanent dort bleibt. Gern werden auch Fantasieformen aus Buchsbaum geschnitten, die abstrakten Plastiken gleichen.

Auch Buchstaben und Ziffern können mithilfe von Schablonen gezogen werden. Manche, wie das große I oder das L sind einfach aus einer einzelnen Pflanze zu ziehen. Andere, wie das A oder das H, müssen aus zwei Pflanzen geformt werden, da die Triebe nur nach oben oder waagerecht wachsen, aber ihr Wachstum einstellen, wenn man sie nach unten biegt.

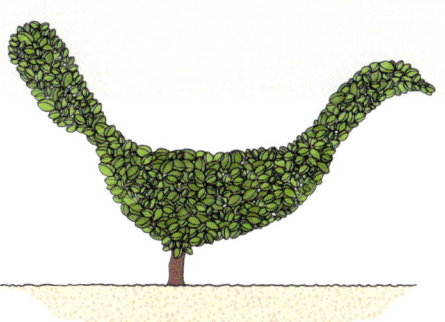

Für die Form eines Vogels ist eine Drahtschablone nötig.

Hecken und Parterres

Zum Schutz des Gartens vor Wind, Wild und Blicken neugieriger Nachbarn neigt der Mensch schon seit langer Zeit dazu, ihn mit Hecken zu umgeben. Buchs eignet sich hervorragend als niedrige bis mittelhohe Hecke von 20 cm bis etwa 1,5 m Höhe.

Er kann auch höher werden, braucht dafür aber so lange bzw. erzeugt so hohe Kosten für große Ausgangspflanzen, dass für höhere Hecken meist andere Gehölze gewählt werden. Für etwas größere Hecken als Gartenumrandung bieten sich stark wachsende Sorten, wie 'Rotundifolia' oder 'Handsworthiensis', an. Die Höhe der Hecken wird für einen geraden Verlauf mit einer Schnur oder, bei Beetumrandungen oder Parterres, mit geraden Brettern festgelegt.

Pflanzabstand

Je nach Größe der Ausgangspflanzen beträgt der Bedarf für 50 – 100 cm hohe Hecken meist etwa 2 – 3 Pflanzen pro laufenden Meter, für 10 – 20 cm hohe Einfassungs- und Parterrehecken steigt er auf etwa 5 – 7 Pflanzen pro Meter.

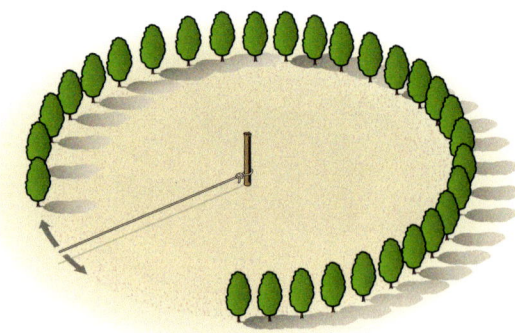

Die Pflanzreihen für die Einfassungen werden mit Schnüren vorgegeben oder auch mit Kalk angezeichnet.

Parterres

Kleine Buchsbaumhecken wurden schon seit Langem gern als Beeteinfassung verwendet, um Grabeland von Wegen zu trennen. In der Renaissancezeit wurden diese Hecken zu Mustern gepflanzt, die besonders bei Betrachtung von erhöhten Standpunkten aus, wie den Fenstern von Schlössern, sehr attraktiv aussahen. Zunächst handelte es sich meist um einfache geometrische Muster, die aus Rechtecken, Dreiecken und Kreisen bestanden und deren Flächen mit bunten Blumen oder attraktiven Gemüsepflanzen bestückt waren. Noch heute zu besichtigende geometrische Parterre-Anlagen nach Vorlagen der Renaissancezeit befinden sich im Park von Schloss Villandry in Frankreich und in etwas bescheidenerem Maß im Schlossgarten Güstrow.

Broderie-Parterres

Mit der Zeit wurden die Muster von Parterre-Anlagen immer filigraner und mündeten zur Barockzeit in den sogenannten Broderie-Parterres, die sich Muster aus der Stickerei (Broderie) zum Vorbild nahmen. Die kleinen Hecken wurden mittlerweile mit so vielen Ranken und Schnörkeln versehen, dass eine Bepflanzung der Beete mit Blumen oder Gemüsepflanzen nicht mehr praktikabel war, stattdessen wurden die Flächen mit buntem Material bestreut, z. B. schwarzer Erde, rotem Ziegelsplitt oder weißem Kies (siehe Seite 116-117). Prächtige Broderie-Parterres sind in Hannover-Herrenhausen oder Versailles bei Paris zu bewundern.

Lebensdauer
Buchsbaum-Parterres haben je nach Standort eine Lebensdauer von etwa 20 Jahren. Dann vergreisen die Pflanzen und müssen ausgewechselt werden.

Eine kleines, aber feines Parterre-beet im Schweriner Schloss.

Knotengärten

Eine Sonderform der Parterres entstand in England zur Tudor-Zeit im
16. Jahrhundert: die (Tudor-)Knotenbeete. Anders als die Parterrehecken werden die Hecken in Knotengärten nicht auf gleiche Höhe gestutzt, sondern
die Höhe verändert sich, sodass der Eindruck entsteht, Bänder würden inei-
nander verschlungen. Außerdem werden gern unterschiedliche Pflanzenarten oder -sorten eingesetzt, die sich in der Farbe deutlich unterscheiden.
Dadurch wird der Kontrast zwischen den „Bändern" verstärkt. Diese Hecken
werden häufig wesentlich breiter gehalten als in Parterres.

Pflanzenarten für Parterres und Knotengärten

Parterres und Broderie-Parterres wurden traditionell aus schwach wachsenden Buchsbaumsorten ('Suffruticosa', 'Blauer Heinz') gepflanzt, für Knotengärten wurden auch etwas stärker wachsende Buchsbaumsorten ('Elegantissima') und andere Pflanzengattungen (Thymian, Lavendel) verwendet.
Widerstandsfähigere, moderne Buchsbaumsorten sind z. B. 'Herrenhausen'
oder 'Green Gem'.

Anlage

Gerade verlaufende Pflanzungen werden entlang einer Schnur gesetzt, gekrümmte Linien können mit einem Seil an einem Pflock, das wie ein Zirkel funktioniert, angezeichnet werden (siehe Abbildungen Seite 68/69). Die Linien können in den Boden geritzt oder mit Kalk, Sägemehl usw. auf den Boden gestreut werden. Komplizierte Muster für Broderie-Parterres werden auf Rechenkästchen-Papier vorgezeichnet und auf ein mit Schnüren markiertes Rechteckmuster am Boden übertragen oder mithilfe großer Schablonen aus dicker Folie auf den Boden gezeichnet. Um komplizierte Beetmuster leichter sauber zu halten und von Rasenflächen abzugrenzen, werden häufig Beetumrandungen aus Kunststoff oder Metall neben den Hecken in den Boden eingesenkt.

Eine Beetumrandung aus Kunststoff oder Metall kann die Pflege einer Parterre-Hecke erleichtern.

Niwaki, Karikomi und Wolkenflächen

Nicht nur in der klassischen europäischen Gartenkultur hat
Buchsbaum einen festen Platz, sondern auch in der asiatischen.
Japangärten z. B. bestehen aus den drei wichtigsten Elementen
„Fels", „Wasser" und „Pflanze".

Charakteristisch ist dabei, dass die Elemente auch durch fremde Materialien ersetzt werden können. Statt Felsen können Pflanzen (wie Buchs), die als sogenannte Karikomi geschnitten werden, in den entsprechenden Formen eingesetzt werden, Bachläufe werden mit bläulich grauem Kies dargestellt.

Niwaki

Das Element „Pflanze" wird durch möglichst malerisch erzogene Exemplare beigesteuert, sogenannte Niwaki. Das können von Natur aus elegant wachsende Pflanzen wie Fächer-Ahorn oder Zierkirsche sein, die wenig geschnitten werden. Meist werden aber Kiefern oder andere Gehölze durch intensiven Schnitt zu malerischen Altersformen gestaltet. Diese Niwaki, die meist fälschlich „Bonsai-Formen", „Garten-Bonsai" oder „Groß-Bonsai" genannt werden, werden nur selten aus Buchsbaum geformt, da dieser zu schwach wächst und zu sehr zu Stammaustrieben neigt, die regelmäßig entfernt werden müssen. Kiefern, Eiben und Japanische Hülsen (*Ilex crenata*) eignen sich für diesen Zweck besser.

Bei der Anzucht solcher, an Niwaki angelehnter Formgehölze muss auf eine harmonische Verteilung der „Kissen" aus benadelten Trieben geachtet werden. Sie sollten gleichmäßig an der Pflanze verteilt sein und nicht zu dicht stehen. Die Seitenäste dürfen sich nicht kreuzen und sollten möglichst flach wachsen. Dafür können sie eventuell mit Schnüren in die Waagerechte gebogen werden.

Karikomi

Die mehr oder weniger kissen- oder kugelförmigen, einzeln oder in Gruppen stehenden Karikomi bilden Steine und Felsen nach, daher ist ihre Form immer etwas unregelmäßig und abgeflacht, aber nie exakt kugelförmig. Neben Buchsbaum werden gern Japanische Hülsen (*Ilex crenata*) und Japanische Azaleen als Karikomi verwendet.

Wolkenflächen

In Anlehnung an die japanische Gartenkunst werden in Europa gelegentlich plastisch unregelmäßig gestaltete Hecken und Flächenpflanzungen in abstrakten Fantasieformen angelegt. Häufig werden Wolkenformen bevorzugt, manchmal auch Wellen oder andere organische Formen. Wegen seiner herausragenden Schnittverträglichkeit und seines dichten Wachstums wird dafür meist Buchsbaum verwendet.

Buchsbaum als Bodendecker

Breit wachsende Buchsbaumsorten, wie 'Herrenhausen' oder 'Vardar Valley', eignen sich gut als Bodendecker, auch für schattige Flächen. Sie müssen allerdings eng gepflanzt werden (etwa 20 cm Abstand = 25 Stück pro m^2). Für kleinere Flächen wie Gräber werden sie gern verwendet.

Schönheiten ohne Schnitt

Buchsbaum ist sehr schnittverträglich und daher eine der beliebtesten Pflanzengattungen für den Formschnitt. Dabei wird leicht übersehen, dass er auch ohne Schnitt eine interessante Gartenpflanze ist, die in dieser Hinsicht zu wenig beachtet wird.

Denn wegen seiner Schattenverträglichkeit kann Buchsbaum auch unter dichte Baumkronen gepflanzt werden, wo die meisten anderen Gehölze verkümmern. Da er seine Blätter etwa drei bis fünf Jahre lang hält, bildet er angenehm wenig Falllaub. Das dunkle Laub fast aller Buchsbaumsorten ist ein idealer Hintergrund für blühende oder buntlaubige Pflanzen. Auch der hellgrüne Austrieb bildet einen interessanten Kontrast beispielsweise zum bräunlichen Austrieb von Eiben. Und schließlich können die vielen buntlaubigen Sorten vor dem Hintergrund ihrer dunkleren Artgenossen interessante Akzente setzen.

Pflanzen, die nicht geschnitten werden, blühen früher und reicher als regelmäßig geschnittene Exemplare. Die gelblich grünen Blüten sind beim Buchsbaum allerdings optisch nicht sehr auffällig. Ihr eigentümlicher, süßer Duft ebenso wie der Geruch der Blätter ist nicht jedermanns Sache, auch wenn die Schauspielerin Katharine Hepburn ihn einmal „fragrance of eternity" (Duft der Ewigkeit) gerühmt haben soll. Dafür werden blühende Buchsbaumpflanzen sehr gern von Insekten besucht, vor allem von Bienen und Hummeln.

Ganz ohne Schnitt?

Auch bei Pflanzen, die nicht regelmäßig geschnitten werden, kann es natürlich sinnvoll sein, durch Auslichten den malerischen Habitus zu intensivieren oder kranke und störende Äste zu entfernen. Solche leichten Schnittmaßnahmen können ganzjährig erfolgen.

Alle Größen und Formen

Die Sortenvielfalt von Buchsbaum ist ungeheuer groß. Manche Sorten, wie 'Herrenhausen', wachsen breit und eignen sich hervorragend als Bodendecker, andere, wie 'Globosa' oder 'Blauer Heinz', werden dicht und fast kugelförmig. Viele stärker wachsende Sorten, wie 'Rotundifolia', bilden breit aufrechte Büsche, B*uxus microphylla* var. *japonica* oder 'Trompenburg'

Ungeschnittene Pflanzen können ein malerisches freies Wachstum entwickeln.

wachsen locker und bizarr. Malerisch überhängende Zweige hat 'Latifolia Pendula'. Neben den stark wachsenden Sorten, die etwa 2 – 4 m hoch werden und im Alter auch noch höher, gibt es Zwergsorten, wie 'Compacta' oder 'Morris Midget', die winzig bleiben, sodass sie sich für Steingärten oder Trogbeete eignen. Die schlank säulenförmig wachsende, noch viel zu wenig bekannte Sorte 'Graham Blandy' bildet ohne Schnitt interessante Blickpunkte im Garten.

Botanische Grundlagen zu Buchs

Buchsbaum wird schon seit Jahrtausenden als Kulturpflanze genutzt, entsprechend groß ist seine Sortenvielfalt. Schon im Altertum wurde er für Beeteinfassungen, als Formgehölz und als Nutzpflanze verwendet.

Systematik, Verbreitung und Aussehen

Buxus ist eine der wenigen Gattungen der Familie Buchsbaumgewächse (Buxaceae) und besteht aus 97 Arten, die über einen großen Teil der Erdhalbkugel verteilt sind. Die meisten wachsen im tropischen oder subtropischen Klima und sind daher für Mitteleuropa ungeeignet, nur sieben kommen in gemäßigten Regionen vor. Die für uns interessanten Sorten entstammen der in Europa heimischen Art *B. sempervirens* oder der Art *B. microphylla* aus Nordostasien. Von beiden gibt es gleichermaßen sehr frostharte und etwas empfindlichere Sorten.

Die verschiedenen Sorten entwickeln sich zu mehr oder weniger großen Büschen oder Bäumen. Sie besitzen immergrüne, ledrige Blätter in gegenständiger Blattstellung. Ihre Blüten, die keine Kronblätter (Petalen) besitzen, sind einhäusig getrenntgeschlechtlich, aber die männlichen Blüten sitzen so eng an den weiblichen, dass sie den Eindruck erwecken können, sie seien zwittrig. Aufgrund der verhältnismäßig frühen Blüte im März oder April ist Buchs eine sehr wertvolle Bienenweide und kann Insektenfreunden viel Freude bereiten.

Die zunächst grünen Früchte wachsen zu kleinen Kapseln mit drei charakteristischen „Hörnern" heran, in denen sich 6 mm lange, schwarz glänzende Samen befinden. Die Samen reifen etwa im September, fallen auf den Boden und werden dort von Ameisen verschleppt.

Giftigkeit

Die Blätter und die Früchte von Buchsbaum sind stark giftig. Die verschiedenen Alkaloide, die Buchsbaum enthält, wurden früher als Buxin bezeichnet. Wie bei vielen anderen giftigen Pflanzen auch, äußern sich Vergiftungen in Erregungszuständen, Schwindel, Übelkeit, Erbrechen und Durchfall. In schlimmen Fällen können Kollaps und Atemlähmung zum Tod führen. Auch Tiere sind empfindlich, nach Roth et al. (1994) sollen bei Schweinen 500 g Buchsbaumblätter pro Tier und bei Pferden 750 g Buchsbaumblätter pro Tier zum Tod führen können. Bei Verdacht auf einen Vergiftungsfall sollten Sie unbedingt die Giftnotrufzentrale benachrichtigen.

Vorsicht, giftig!

Buchsbaum ist giftig, was ihn weitgehend vor Wildverbiss schützt. Da seine Pflanzenteile und Früchte für Kinder unattraktiv sind, geht von ihm allerdings nur eine geringe Gefahr für den Menschen aus.

Wertvolles Holz

Da Buchsbaum sehr langsam wächst, ist sein Holz besonders dicht, hart und schwer (Dichte um 1 g./cm³), so schwer, dass es nicht immer auf dem Wasser schwimmt, sondern untergehen kann. Durch seine Dichte ist es sehr gut zum Drechseln geeignet und wertvoll – ein Grund dafür, dass es kaum noch natürliche Buchsbaumvorkommen gibt, denn die meisten sind abgeholzt.

Blüten von Buchsbaum: Um eine weibliche Blüte mit drei Griffeln scharen sich mehrere männliche mit jeweils vier Staubgefäßen.

Buchsbaum-sortiment

Dieses Kapitel stellt ein reichhaltiges Sortiment an widerstandsfähigen Sorten vor. So können Sie den für Ihre Ansprüche passenden Buchsbaum mühelos finden.

Buxus microphylla 'Faulkner': mittelstark und breit wachsend.

Rechts: Buxus microphylla 'Herrenhausen': flaches Wachstum, in der Sonne helles Laub.

Buxus microphylla 'Faulkner'

Die Sorte 'Faulkner' wächst mittelstark und vor allem in die Breite. In Bad Zwischenahn sind 20 Jahre alte Pflanzen etwa 80 cm hoch und 200 cm breit, das Blatt ist 2,0 – 2,4 cm lang und 1,3 – 1,5 cm breit. 'Faulkner' soll besonders frosthart sein, hat relativ helles Laub, das im Winter aber sehr zur Braunfärbung neigt, und ist ausgesprochen widerstandsfähig gegen Buchsbaumblattfall. Dadurch hat die Sorte sehr an Bedeutung gewonnen. Die Belaubung glänzt auffällig und leidet kaum unter Blattrandchlorosen. Die Sorte soll sehr widerstandsfähig gegen Triebspitzenmilben und Gallmücken sein, in Bad Zwischenahn war ein mittelstarker Spinnmilbenbefall zu beobachten. Durch ihren mittelstarken, dichten Wuchs wird die Sorte gern für kleinere Kugeln und breitere Formgehölze verwendet. Auch für höhere Flächenpflanzungen und etwa 50 cm hohe Hecken ist sie geeignet. Sie ähnelt entfernt 'Herrenhausen', wächst aber stärker.

Buxus microphylla 'Herrenhausen'

Diese besonders breit und niedrig wachsende Sorte ähnelt sehr stark den Sorten 'Rococo', 'Tide Hill' und 'Brno' oder ist möglicherweise mit ihnen identisch. Benannt ist sie nach dem Barockgarten in Hannover-Herrenhausen, aus dem sie stammt. Zwanzig Jahre alte Pflanzen sind in Bad Zwischenahn etwa

50 cm hoch und haben einen Durchmesser von 150 cm. Die Blattgröße liegt bei 2,0 × 0,6 cm. 'Herrenhausen' ist sehr widerstandsfähig gegen Buchsbaumblattfall, dafür allerdings relativ frostempfindlich, wird in der Sonne leicht hell und im Winter braun. Daher fühlt sie sich auf schattigen Standorten wohler als in der Sonne. Außerdem neigt sie zur „Nestbildung", das heißt in der Mitte älterer Pflanzen bildet sich eine vertiefte, schwach belaubte Stelle, die wie ein Loch aussieht.

Für Beeteinfassungen ist 'Herrenhausen' von der Wuchshöhe her gut geeignet, muss aber durch Schnitt in der Breite stark begrenzt werden. Sie scheint wenig von Gallmücken und Blattflöhen befallen zu werden, es treten auch keine Blattrandchlorosen auf. Sie soll widerstandsfähig gegen Triebspitzenmilben sein, in Bad Zwischenahn wurden aber leichte Schäden durch Spinnmilben beobachtet.

Buxus microphylla var. japonica

Diese in Japan beheimatete botanische Varietät unterscheidet sich deutlich von den meisten bei uns bekannten *B. microphylla*-Sorten, wie 'Faulkner' oder 'Herrenhausen': Sie wächst sehr locker, man könnte sagen sparrig oder bizarr. In Bad Zwischenahn sind 20 Jahre alte Exemplare 170 cm hoch und 240 cm breit. Die Blättchen sind klein (1,8 × 1,3 cm) und oft gelblich gefärbt. Durch ihren lockeren Wuchs ist sie für den Formschnitt wenig geeignet, sondern je nach Geschmack eher eine interessante Solitärpflanze in Einzelstellung. Nach bisherigen Erfahrungen scheint sie relativ gesund und widerstandsfähig gegen den Befall durch Schädlinge

und Pilzkrankheiten zu sein. Ihre Frosthärte soll jedoch wesentlich schlechter als die von *B. microphylla* var. *koreana* sein.

B. microphylla var. *koreana* aus Korea und China hat eine ähnliche Belaubung (1,6 × 0,9 cm), wächst aber deutlich kompakter (in Bad Zwischenahn nach 20 Jahren 130 cm hoch und genauso breit) und ist daher in begrenztem Maße auch für

kleinere Hecken und Formgehölze geeignet. Sie ist fast so widerstandsfähig gegen Blattfall wie 'Herrenhausen' und 'Faulkner' und soll sehr frosthart sein.

Die Sorte 'Winter Beauty' ähnelt der Varietät *koreana*, die Sorte 'Trompenburg' eher der Varietät *japonica*.

Buxus microphylla var. japonica: lockerer Wuchs, kleines Blatt.

Buxus sempervirens 'Angustifolia': sortentypisch schmale Blätter.

Buxus sempervirens 'Angustifolia'

'Angustifolia' ist eine stark wachsende Sorte mit sehr schmalen Blättern, die etwa 3,2 cm lang werden können, dabei aber nur 1,0 cm breit. 20 Jahre alte Exemplare sind in Bad Zwischenahn 240 cm hoch und fast ebenso breit. Die Sorte soll aus dem Atlasgebirge stammen und identisch mit den Sorten 'Longifolia' und 'Salicifolia' sein. Sie ist schon seit Mitte des 18. Jahrhunderts in Europa bekannt.

Von Weitem ähnelt der Strauch *B. sempervirens* var. *arborescens*, aus der Nähe betrachtet fallen aber seine filigranen, schmalen Blätter auf. Durch ihren dichten Wuchs eignet sich die Sorte gut für Form-

Buxus sempervirens var. arborescens

Buxus sempervirens var. *arborescens*: der typische und am meisten gepflanzte Buchsbaum.

Die große Mehrzahl der bei uns vermarkteten Buchsbaumpflanzen gehört zu dieser Varietät. Häufig wird sie allerdings nur als *B. sempervirens* etikettiert, besonders in unseren Nachbarländern. In Nordamerika wird sie als „american boxwood" bezeichnet, im Gegensatz zu 'Suffruticosa', die „english boxwood" genannt wird. Die Varietät ist schon seit einigen Jahrhunderten in der Vermehrung.

Die Pflanzen wachsen mittelstark (in Bad Zwischenahn nach 20 Jahren

schnitt und Hecken. Allerdings neigt sie extrem zur Bildung von Blattrandchlorosen, wer sich daran stört, sollte sie besser meiden. Von Blattflöhen und Spinnmilben scheint sie weniger befallen zu werden als andere Sorten.

200 cm Höhe, 180 cm Breite) und
sehr dicht, sodass sie sich hervorragend für Formschnitt und etwa
50 – 100 cm hohe Hecken eignen.
Für niedrige Beeteinfassungen
wachsen sie allerdings etwas zu
stark. Die Blattgröße liegt um
2,4 × 1,3 cm. Ihre Anfälligkeit gegenüber Buchsbaumblattfall ist mittel
bis gering, häufig treten allerdings
Blattrandchlorosen auf. Von Blattflöhen und Spinnmilben wird sie in
Bad Zwischenahn mittelstark
befallen.

Vergleichbar ist die Sorte 'Hollandia' oder 'Holland', die ähnlich
wächst, aber unempfindlich für
Triebspitzenmilbenbefall sein soll.

Buxus sempervirens 'Blauer Heinz'

Diese kompakt wachsende, neuere
Buchsbaumsorte wurde bis zum
Auftreten des Buchsbaumblattfalls
als „Mercedes unter den Buchsbaumsorten" gelobt: Das Blatt
(Größe 2,3 × 1,0 cm) ist besonders
im Austrieb bläulich grün gefärbt,
bildet keine Blattrandchlorosen,
wird in der Sonne nicht hell und im
Winter nicht braun. Auch Blattsau-
ger und Spinnmilben scheinen sie
weitgehend zu meiden.

Der kompakte, dichte Wuchs (in
Bad Zwischenahn nach 20 Jahren
100 cm hoch, 90 cm breit) eignet
sich hervorragend für kleinere Hecken und Beeteinfassungen sowie

kleinere Kugeln. Allerdings wächst
die Sorte relativ schwach. Ihr größter Nachteil ist die extreme Empfindlichkeit gegen Blattfall, die fast
so stark ausgeprägt ist wie bei
'Suffruticosa'. Daher sollte sie zumindest auf Flächen, auf denen
eine hohe Infektionsgefahr besteht,
genau wie 'Suffruticosa' nicht mehr
gepflanzt werden. Auch beim
Zukauf muss besonders auf die
Herkunft aus gesunden Beständen
geachtet werden, da sonst die Gefahr hoch ist, sich mit Pflanzen

den Erreger einzuschleppen. Wer nicht ganz sicher ist, dass die Pflanzen gesund sind, sollte auf sie verzichten.

Buxus sempervirens 'Elegantissima'

Diese vielleicht schönste unter den buntlaubigen Sorten hat einen breiten elfenbeinfarbenen Blattrand, der auch im Schatten seine Panaschierung behält. In der Form des Blattes (Größe 2,1 × 1,2 cm) und der Wuchsform (in Bad Zwischenahn nach 20 Jahren 200 cm hoch, 160 cm breit) ähnelt die Sorte der Varietät *B. sempervirens* var. *arborescens*, eignet sich also für mittlere Hecken und Formgehölze. Die Gesundheit scheint allgemein recht gut zu sein, allerdings war sie in Versuchen in Bad Zwischenahn etwas empfindlicher gegen Buchsbaumblattfall als *B. sempervirens* var. *arborescens*. Im Vergleich zu 'Suffruticosa' war sie

*Buxus semper-
virens 'Elegan-
tissima' (links)
und 'Marginata'
(rechts): weiß
bzw. gelblich
panaschiert.*

*Rechts: Buxus sem-
pervirens 'Graham
Blandy': von Na-
tur aus schlanke
Säulenform.*

aber deutlich widerstandsfähiger. Für Blattrandchlorosen, Braunfärbung im Winter, Blattflöhe, Gallmücken und Spinnmilben scheint sie wenig anfällig zu sein, dafür aber relativ frostempfindlich.

Ihr panaschiertes Laub wirkt besonders gut vor einem dunklen Hintergrund, z. B. stark wachsenden, dunkellaubigen Buchsbaumpflanzen oder Eiben. In Knotengärten ist sie ein beliebter Partner für dunkellaubige Buchsbaumsorten.

Ähnlich ist die Sorte 'Marginata' (Syn. 'Aureo Marginata'), deren Blattrand ist allerdings dezenter mattgelb gefärbt.

Buxus sempervirens 'Graham Blandy'

Eine in der ersten Hälfte des 20. Jahrhunderts in England entstandene, aber noch viel zu wenig bekannte, äußerst attraktive Sorte ist 'Graham Blandy'. Sie bleibt sehr schmal und bildet auch ohne Schnitt eine attraktive Säule. Sie wächst langsam, kann aber nach 20 Jahren bei einem Durchmesser von 30–50 cm 2,50 m hoch werden. Da sie sehr schnittverträglich ist, kann man sie natürlich leicht in der Höhe begrenzen. Ebenfalls säulenförmige Sorten sind 'Fastigiata', 'Dee Runk', 'Obelisk' und 'Diepensiepen', die aber nicht ganz so schlank wie 'Graham Blandy'

Buxus sempervirens 'Handsworthiensis': straff aufrechter Wuchs, matt gelblich grünes Laub.

wachsen sollen. Nicht zu verwechseln mit 'Fastigiata' ist 'Morris Fastigiate', die inzwischen als 'National' angeboten wird und eigentlich zu breit für eine echte Säulenform wächst.

Schlanke Säulen eignen sich hervorragend als Portalpflanzen zur Umsäumung von Wegen und Eingängen, können aber auch in Einzelstellung einen interessanten Blickpunkt im Garten bilden.

Die Blattgröße von 'Graham Blandy' liegt mit 2,8 × 1,5 cm im „normalen" Bereich. Über ihre Empfindlichkeit gegen Buchsbaumblattfall ist nichts bekannt, durch ihren hohen Wuchs dürfte die Gefahr allerdings nicht übermäßig groß sein. Für Spinnmilbenbefall scheint sie nach Beobachtungen in Bad Zwischenahn leider recht anfällig zu sein, für Blattrandchlorosen dagegen weniger.

Diese sind nicht ganz so groß wie
die von 'Rotundifolia', aber ähnlich
rundlich geformt. Die Farbe ist eher
stumpf graugrün. Der Wuchs ist
etwas lockerer und weniger verzweigt als der von *B. sempervirens*
var. *arborescens* und vielen anderen
Buchsbaumsorten. Die Triebe wachsen auffällig aufrecht, trotzdem
wird die Sorte insgesamt fast so
breit wie *B. sempervirens* var.
arborescens. Formschnitt ist möglich, die Sorte eignet sich dafür aber
nicht ganz so gut wie viele andere
Sorte. Sie ist mehr für Hecken oder
Einzelstellung geeignet. Das Laub
neigt wenig zur Bildung von Blattrandchlorosen, eher zur Braunfärbung, und soll wenig von Blattflöhen, Triebspitzenmilben oder
Gallmücken befallen werden. Dafür
scheint die Sorte recht empfindlich
gegen Spinnmilbenbefall zu sein.

Buxus sempervirens 'Latifolia Maculata'

Wie ihr Name schon sagt, ist 'Latifolia Maculata' breitblättrig (3,5 ×
2,0 cm) und buntlaubig. Die Blattgröße und -form ähneln genau wie
der Wuchs (in Bad Zwischenahn
220 cm hoch und 180 cm breit) der
Sorte 'Rotundifolia'. Die Laubfärbung ist allerdings völlig anders als
bei den ebenfalls panaschierten
Sorten 'Elegantissima' und 'Marginata': Nicht der Blattrand ist gefärbt, sondern nach dem leuchtend

Buxus sempervirens 'Handsworthiensis'

Die Ende des 19. Jahrhunderts in der
Handsworth Nursery in Großbritannien gefundene und nach ihr be-
nannte Sorte 'Handsworthiensis'
wächst sehr stark (in Bad Zwischenahn nach 20 Jahren 250 cm Höhe,
150 cm Breite) und fällt durch ihre
großen Blätter (3,0 × 2,0 cm) auf.

Buxus sempervirens 'Latifolia Maculata': gelblicher Austrieb mit leicht streifiger Panaschierung, die im Schatten verblasst.

gelben Austrieb werden die Flächen teils grün und bleiben teils fleckig bis streifig gelb. Eine auffällige Eigenart der Sorte ist, dass die Gelbfärbung an schattigen Standorten kaum erkennbar ist, hier ist das Laub fast grün. Wer Freude an ihrem bunten Laub haben will, sollte 'Latifolia Maculata' so pflanzen, dass die Sorte viel Licht erhält. Extrem sonnige Standorte können in windoffenen Lagen allerdings

Sonnenbrand im Sommer und Frostschäden im Winter nach sich ziehen, die Sorte ist nicht ganz so frosthart wie manche anderen. Zusätzlich zu den Panaschierungen können auch Blattrandchlorosen auftreten, die allerdings wegen der Buntlaubigkeit kaum auffallen. Ähnlich (oder identisch) ist die Sorte 'Aureovariegata'.

2,7 × 1,6 cm) *B. sempervirens* var. *arborescens* und bildet auch Blattrandchlorosen aus. Sie verzweigt sich sehr dicht und ihr Wachstum ist kompakt und eher breit. Da noch kaum Erfahrungen vorliegen, kann über ihre Widerstandskraft gegen Blattfall noch keine Aussage getroffen werden, Versuche laufen aber dazu in Bad Zwischenahn.

In Schweden und in Nordamerika wurden in den letzten Jahren weitere neue Sorten selektiert, denen besonders gute Frosthärte nachgesagt wird. Auch mit ihnen müssen in Mitteleuropa noch Erfahrungen gesammelt werden.

Buxus sempervirens 'Polar': besonders frosthart.

Buxus sempervirens 'Polar'

Diese relativ neu auf dem Markt eingeführte, geschützte Sorte wurde 1999 durch Per Nyström im schwedischen Småland gefunden und soll für frostgefährdete Standorte in Skandinavien und Osteuropa besser geeignet sein als andere. Sie ähnelt in der Blattform (Größe etwa

Buxus sempervirens 'Rotundifolia': sehr großes, gewölbtes Blatt.

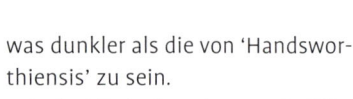

Buxus sempervirens 'Rotundifolia'

Die Sorte 'Rotundifolia' zeichnet sich durch ihren starken Wuchs (in Bad Zwischenahn 300 cm Höhe und 220 cm Breite) und, wie ihr Name schon sagt, ihr rundlich-eiförmiges, großes Blatt (3,5 × 2,0 cm) aus, das außerdem löffelförmig nach außen gebogen ist. Wie 'Handsworthiensis' und 'Latifolia Maculata' wächst die Sorte etwas lockerer als viele andere, aber die Triebe streben nicht so aufrecht wie die von 'Handsworthiensis'. Die Eignung für Formschnitt ist ähnlich begrenzt, die Sorte ist prädestiniert für stark wachsende Solitärpflanzen oder Hecken. Die Laubfärbung scheint etwas dunkler als die von 'Handsworthiensis' zu sein.

In Bad Zwischenahn war die Widerstandskraft gegen Buchsbaumblattfall gering, allerdings waren die Pflanzen im Versuch als niedrige Hecken geschnitten. Bei freiem, lockerem Wachstum dürfte die Anfälligkeit einer größeren Pflanze mäßig sein. Die Frosthärte soll im mittleren Bereich liegen.

Buxus sempervirens 'Suffruticosa'

Die Sorte 'Suffruticosa' ist der klassische Einfassungsbuchs, der schon seit Jahrhunderten für niedrige Hecken von etwa 20 cm verwendet wird. Früher wurden die Hecken regelmäßig etwa alle zehn Jahre gerodet, die mehrtrie-

bigen, an ihrer Basis im Boden bewurzelten Pflanzen auseinandergerissen, teils neu gepflanzt und teils verkauft. Solche wurzelnackten Pflanzen aus Einfassungshecken wurden als „Meterware" angeboten: Es wurden also nicht 10 oder 20 Pflanzen verkauft, sondern 1 oder 2 „Meter" mit je nach Größe rund 10 Pflanzen. Trotz ihrer oft schwachen Bewurzelung

Buxus sempervirens 'Suffruticosa': durch sein dichtes Wachstum der klassische Einfassungsbuchs.

wuchsen sie bei ausreichender Pflege meist gut an.

Ungeschnitten entwickelt sich die Sorte zu einem einen kleinen, rundlichen, sehr dichten Strauch. In Bad Zwischenahn sind 20-jährige Pflanzen 80 cm hoch und 90 cm breit. Das Laub ist breiter als bei vielen anderen Sorten (2,0 × 1,0 cm) und relativ hellgrün gefärbt. Im Winter neigt es zum Verbräunen, allerdings nicht so stark wie 'Herrenhausen' oder 'Faulkner'. Wegen ihrer extremen Anfälligkeit gegen Buchsbaumblattfall ist diese Sorte nur noch unter großen Vorbehalten zu empfehlen.

Buxus x 'Green Gem'

Aus einer Kreuzungsreihe von *B. sempervirens* und *B. microphylla* der Baumschule Sheridan in Kanada entstammt eine sehr interessante Gruppe von Buchsbaumsorten, die alle mit „Green" anfangen. Aber nicht alle Sorten, deren Namen mit „Green" beginnen, gehören zu dieser Züchtungsreihe.

In Wachstum und Blattform ähneln sie eher *B. sempervirens*- als *B. microphylla*-Sorten, und zeichnen sich, soweit bisher bekannt ist, alle durch eine recht gute Widerstandskraft gegen Buchsbaumblattfall aus. Sie werden noch selten angeboten, was sich aber wegen ihrer Widerstandskraft ändern kann. Sie besitzen recht dunkles Laub, das im Winter kaum braun wird, dafür allerdings zur Ausbildung von Blattrandchlorosen neigt und recht empfindlich gegen Gallmücken- und Blattflohbefall sein soll.

Zwanzigjährige Pflanzen der wohl bekanntesten Sorte 'Green Gem' sind in Bad Zwischenahn 170 cm hoch und 150 cm breit, die Schwestersorte 'Green Velvet' soll ebenfalls kompakt, aber breiter wachsen, 'Green Mound' etwas stärker und

Buxus sempervirens 'Green Gem': dichter Wuchs und schmales Blatt.

'Green Mountain' soll die stärkste aus dieser Reihe sein. 'Green Gem' hat ein schmales, 2,3 × 0,7 cm gro- ßes Blatt, 'Green Mound' ein ovales mit 2,4 × 1,2 cm Abmessungen.

Eine Tabelle mit den wichtigsten Eigenschaften zu jeder Sorte finden Sie im Serviceteil auf Seite 119-121!

Alternativen zu Buchs

Vor allem bei zu starkem Befallsdruck durch Blattfall oder Zünsler muss manchmal auf Buchsbaum verzichtet und zu einer Alternative gegriffen werden. Eine Auswahl dafür finden Sie im folgenden Kapitel.

Würdige Stellvertreter

Von einigen Fachleuten wurde der Buchs wegen seiner Anfälligkeit für Blattfall und Zünsler schon abgeschrieben und es wurden flugs Alternativpflanzen aus dem Hut gezaubert.

Das ist jedoch voreilig, denn die guten Eigenschaften von Buchsbaum dürfen nicht vergessen werden. In einzelnen Fällen, wenn der Infektionsdruck durch Blattfall zu hoch ist oder die Gefahr des Buchsbaumzünsler-Befalls besteht, sollten Sie allerdings wirklich die Verwendung von Alternativpflanzen in Erwägung ziehen.

Frei wachsende, schattenverträgliche Gehölze

Am einfachsten lässt sich Buchsbaum wohl ersetzen, wenn das gewünschte Gehölz zwar immergrün und schattenverträglich sein muss, aber nicht in Form geschnitten wird. Ähnlich schattenverträglich und frosthart wie Buchsbaum sind Eiben (*Taxus*), von denen es unterschiedliche Sorten mit verschiedenen Wuchseigenschaften gibt. Durch ihre dunklen Nadeln sehen sie allerdings völlig anders aus als Buchsbaum. Eine Pflanze, die Buchsbaum sehr ähnelt, ist dagegen die Japanische Hülse, *Ilex crenata*. Sie wächst etwas lockerer, kann aber bei zusagenden Standortverhältnissen ein guter Ersatz sein. Deutlich größere Blätter haben Lorbeer-Kirschen (*Prunus laurocerasus*) und Stechpalmen (*Ilex aquifolium* und *Ilex × meserveae*).

Formschnitt

Schwieriger wird es schon bei der Suche nach Alternativen für Buchsbaum-Formgehölze. Eiben sind fast so schnittverträglich wie Buchs, sehen aber völlig anders aus. Alle übrigen für Formgehölze geeigneten Pflanzen wie Lebensbaum, Lorbeer-Kirsche, Japanische Hülse (*Ilex crenata*) oder Liguster sind deutlich weniger schnittverträglich. Halbkugeln lassen sich auch gut aus Kiefern formen, die auch gern für Bonsai-Formen verwendet werden, sich wegen ihrer mangelnden Schnittverträglichkeit sonst aber für Formgehölze schlecht eignen.

Hohe und mittlere Hecken

Für hohe Hecken von 2 m Höhe und mehr ist Buchsbaum wegen seines langsamen Wachstums schlecht geeignet. Stechpalmen-Sorten wie 'Heckenpracht', Lorbeer-Kirschen oder Liguster sind hier vorzuziehen, oder die gebräuchlichen Sorten von Lebensbaum, Scheinzypresse und ähnlichen Koniferen. Die genannten Pflanzen eignen sich auch für mittelgroße Hecken, außerdem *Photinia* und immergrüne Berberitzen. Das dichte Wachstum von Buchsbaum mit der guten Verzweigung bis über den Boden können allerdings, wenn überhaupt, nur Eibe und vielleicht Lebensbaum bieten.

Niedrige Hecken und Einfassungen

Am schwierigsten ist der Ersatz für Buchsbaum bei Einfassungen und sehr niedrigen Hecken bis 50 cm Höhe. Schwach wachsende Sorten der Japanischen Hülse und der Stechpalme sowie Zwergsorten von Eibe und Lebensbaum kommen am ehesten infrage. Bodendecker-Sorten der Heckenkirsche oder der Kriechspindel lassen sich schwer im Zaum halten und sind recht frostempfindlich. Auch Halbsträucher wie Gamander sind interessant für Einfassungen, ihre Schnittverträglichkeit ist allerdings genau wie ihre Langlebigkeit und die Frosthärte recht begrenzt.

Die Japanische Hülse (*Ilex crenata*) kann bei passenden Standortverhältnissen eine sehr gute Alternative für Buchsbaum sein.

Berberis buxifolia 'Nana': attraktives, kleines Blatt und feine Dornen.

Berberis, Berberitze

Verschiedene Arten von Berberitzen haben sich bei uns als Heckenpflanzen oder Bodendecker bewährt und werden daher gelegentlich als Ersatz für Buchsbaum angepriesen. *Berberis thunbergii* ist eine frostharte, robuste Heckenpflanzen, die allerdings im Herbst ihr Laub verliert. Für niedrige Hecken von etwa 50 – 100 cm Höhe sind kompakt wachsende Sorten gut geeignet, auch in Knotengärten werden sie eingesetzt. Gelegentlich leiden sie unter Befall durch Echten Mehltau, sind aber sonst recht robust.

Es gibt außerdem ein breites Sortiment immergrüner Berberitzensorten. Die meisten haben relativ kleine Blätter, einen sparrigen Wuchs und sind etwas frostempfindlich. Häufig wird die sehr kompakt wachsende *Berberis buxifolia* 'Nana' als Buchsersatz genannt. Ihr kompakter Wuchs, die dichte Verzweigung und die immergrüne Belaubung erinnern wirklich an Buchsbaum, auch wenn die Bedornung, die alle Berberitzen kennzeichnet, sie deutlich unterscheidet. Hauptproblem dieser Sorte ist aber ihre begrenzte Frosthärte. Etwas frosthärter sollen die *Berberis*-Sorten 'Jytte' und 'Amstelveen' sein, die allerdings kleinere, schmalere Blätter haben und stärker wachsen.

Euonymus, Kriechspindel

Verschiedene, meist gelb- oder weißbunte Sorten der Kriechspindel (*Euonymus fortunei*) sind bewährte Bodendecker auf Gräbern und in Gärten. Sie vertragen etwas Schatten und starken Schnitt. Wegen ihres breiten Wuchses eignen sie sich allerdings nur begrenzt für Hecken. Die langen Triebe in Bodennähe, die schnell bewurzeln, lassen sich schlecht im Zaum halten und neigen dazu, in Nachbarpflanzen einzuwachsen.

Außerdem ist die Frosthärte nicht so gut wie bei *Buxus*. Die ebenfalls gelegentlich als Ersatz für Buchsbaum empfohlene Japanische Kriechspindel (*E. japonicus*) ist noch deutlich frostempfindlicher und daher nicht empfehlenswert.

Gelegentlich werden die kleinen Kriechspindeln von Echtem Mehltau, Rüsselkäfern, Spinnmilben oder Schildläusen heimgesucht, die Schäden sind aber selten so gravierend wie die Frostschäden.

Euonymus fortunei 'Emerald'n Gold' zu einer Einfassungshecke geschnitten.

Ilex crenata 'Convexa': ihr Laub ähnelt dem von Buchsbaum.

Ilex, Steckpalme

Das Blatt der Japanischen Hülse oder Japanischen Stechpalme (*Ilex crenata*, siehe auch Seite 98–99) ähnelt dem von Buchsbaum, ist aber bei genauerem Hinsehen durch die Blattstellung leicht von Buchsbaum zu unterscheiden: *Buxus* ist gegenständig (zwei Blätter stehen sich immer gegenüber) während *Ilex* wechselständig ist. Sie ist zweihäu-sig, es gibt also männliche Sorten ('Stokes', 'Glorie Gem') und weibli-che, die schwarze, giftige Beeren tragen.

Ilex crenata ist eine sehr attrak-tive Pflanze, wird je nach Sorte etwa 1–4 m hoch und ist auch recht schnittverträglich, regeneriert sich aber nicht so gut wie Buchs-baum aus dem alten Holz. Sie ist nicht so frosthart wie die bei uns verbreiteten Buchsbaumsorten und wächst schlecht auf schweren, kalkhaltigen Böden. Das heißt: In

Ilex aquifolium
'Heckenzwerg' hat
sich als kompakte
Hecke bewährt.

Sorten der in Mitteleuropa heimischen Gewöhnlichen Stechpalme (*Ilex aquifolium*) sind verbreitete Gartenpflanzen. Sie sind fast so schattenverträglich wie Buchsbaum, wachsen dann aber sehr locker. Sie besitzen eine gewisse Schnittverträglichkeit, verzweigen sich jedoch nicht so dicht wie Buchsbaum. Die Blätter sind meist relativ groß und stachelig. Viele attraktiv panaschierte, buntlaubige Sorten sind im Angebot. *Ilex* ist zweihäusig, weibliche Sorten setzen rote Beeren an. Für Einfassungen eignet sich die schwächer wachsende Sorte 'Heckenzwerg'.

Da die Frosthärte von *Ilex aquifolium* begrenzt ist, wurde durch Kreuzung dieser Art mit der frosthärteren *I. rugosa* die sehr winter-

Norddeutschland sowie als Kübelpflanze wächst sie recht gut, aber in vielen Gebieten Süddeutschlands, Österreichs und der Schweiz ist sie ungeeignet. Ihre Wurzel ist empfindlicher gegen Frost und Staunässe als die von Buchsbaum, die Blätter werden gelegentlich von Spinnmilben befallen. Als kompakt wachsende Sorten werden z. B. 'Twiggy', 'Stokes', 'Glorie Gem' oder 'Glorie Dwarf' angeboten, stark wachsen 'Dark Green', 'Convexa' und 'Blondie'.

Ilex × meserveae ‘Little Rascal’ lässt sich zu kompakten Formen schneiden.

harte Hybride *I. × meserveae* gezüchtet. Sie hat ein etwas kleineres, dunkleres Blatt als *I. aquifolium*, wächst etwas kompakter und ist dichter verzweigt. Besonders schnittverträglich und damit für Hecken sowie Formschnitt geeignet sind die Sorten ‘Heckenfee’, ‘Heckenpracht’ und ‘Heckenstar’. Eine neue, für kleine Formen interessante Zwergsorte ist ‘Little Rascal’.

Widerstandsfähigkeit

Abgesehen von ‘Heckenzwerg’ sowie ‘Little Rascal’ wachsen die Sorten von *Ilex aquifolium* und *I. × meserveae* deutlich stärker als Buchsbaum und können ungeschnitten Höhen von 3–8 m erreichen. Sie eignen sich daher nur für höhere Hecken und Formgehölze ab etwa 1,5 m Höhe. Sie werden leicht von Blattläusen befallen und von

Minierfliegen, die hässliche Gänge im Blattgewebe fressen, die Pflanzen aber nicht ernstlich schädigen. In Waldnähe können allerdings Schäden durch Wild auftreten. Standorte mit besonders schweren Böden sind schlecht geeignet.

Lonicera, Heckenkirsche

Sorten der Zwerg-Heckenkischen-Arten *Lonicera nitida* und *L. pileata* haben mit ihren hübschen, kleinen Blättern eine wichtige Bedeutung als Bodendecker erlangt. Da die Zwerg-Heckenkirschen niedrig bleiben, werden sie gelegentlich als Ersatz für Buchsbaum als Einfassungen empfohlen. Wegen ihres breiten, lockeren Wachstums und ihrer begrenzten Frosthärte ist ihre Eignung jedoch fraglich. Besser verwendet man sie als Bodendecker. Abgesehen von Frostschäden, besonders an den *L. pileata*-Sorten, treten wenig Probleme auf. Die Pflanzen sind widerstandsfähig gegen Schädlinge und Krankheiten und haben geringe Ansprüche an den Boden.

Lonicera 'Maigrün' ist ein bewährter Bodendecker, wächst aber relativ locker.

Pinus mugo subsp. *mughus* (im Vordergrund) lässt sich, ähnlich wie *Ilex crenata* (im Hintergrund), zu dichten Polstern formen.

Liguster

Während der heimische Gewöhnliche Liguster (*Ligustrum vulgare*) relativ frosthart ist, dafür aber im Winter den überwiegenden Teil seiner Blätter verliert, ist sein asiatischer Verwandter *L. ovalifolium* immergrün und frostempfindlich. Für größere Hecken und Formgehölze eignen sich beide, für kleine Hecken unter 50 cm Höhe oder Einfassungen wachsen aber selbst Zwergsorten wie 'Lodense' zu stark.

Pinus, Kiefer

Dass Kiefern (*Pinus*) sich in Form schneiden lassen, hat sich in den letzten Jahren durch ihren Einsatz als Niwaki deutlich gezeigt, die bei uns meist fälschlich als Bonsai-Formen bezeichnet werden. Allerdings treiben Kiefern kaum aus dem alten Holz aus, sodass sie rechtzeitig im Mai geschnitten werden müssen und nicht bis ins alte Holz eingekürzt werden dürfen. Die neuen Triebe („Kerzen") werden dabei sehr

stark zurückgenommen. Die Form, die ihnen gegeben wird, muss ihrem natürlichen Wachstum entsprechen, das heißt sie können gut als Niwaki, Halbkugeln oder Kissen geschnitten werden, nicht aber als Würfel, Kegel oder Spiralen.

Dafür besitzen die am meisten verwendeten Arten, wie *P. mugo* oder *P. sylvestris,* eine ausgezeichnete Frosthärte und sind recht anspruchslos an Düngung und Bodenqualität. Gelegentlich werden sie von Schädlingen befallen oder auf

staunassen, schweren Böden von *Phytophthora*-Wurzelfäule. Ihr Standort sollte möglichst sonnig sein, damit sie dicht bleiben.

Prunus, Lorbeer-Kirschen

Lorbeer-Kirschen (*Prunus laurocerasus*) und Portugiesische Lorbeer-Kirschen (*P. lusitanica*) sind äußerst attraktive immergrüne

Lorbeer-Kirschen haben relativ großes Laub und sind sehr schnittverträglich.

Sträucher mit großen Blättern, die ähnlich wie *Ilex aquifolium* recht schattenverträglich und einigermaßen schnittverträglich sind. Bei diesen Pflanzenarten sind aber weder Schattenverträglichkeit noch Schnittverträglichkeit oder Frosthärte mit bewährten Buchsbaum-Sorten vergleichbar.

Die Pflanzen, die auch als Kirschlorbeer bezeichnet werden, eignen sich gut für Einzelstellung in Sonne wie Schatten oder für geschnittene Hecken und größere Formgehölze. Kompakt wachsende Sorten wie 'Otto Luyken' können auch zu mittelgroßen Formen von

100 – 150 cm Höhe geschnitten werden. Die Sorte 'Mount Vernon' eignet sich als Bodendecker.

Auch wenn manche Sorten, wie 'Caucasica' oder 'Schipkaensis Macrophylla', deutlich frosthärter sind als andere, bilden Winterschäden das größte Problem, unter dem Lorbeer-Kirschen leiden. Sie werden häufig von verschiedensten Schädlingen und Krankheitserregern befallen, die Schäden sind aber meist eher optische Beeinträchtigungen und selten bedrohlich. Dafür stellen Lorbeer-Kirschen relativ geringe Ansprüche an den Boden.

Rhododendron, Alpenrose, Azalee

Die Schnittverträglichkeit der meisten *Rhododendron*-Sorten ist zwar begrenzt, aber die Pflanzen dieser Gattung fühlen sich an halbschattigen bis schattigen Standorten wohl, sodass sie eine Alternative für Buchsbaum bieten können. *Rhododendron* sind allerdings sehr anspruchsvoll an den Boden, sie verlangen feuchte (nicht nasse!), saure und humose Böden.

Japanische Azaleen und einzelne Sorten großblumiger Hybriden

('Cunningham's White', 'INKAR-HO-Dufthecke') sind recht schnittverträglich. Die Frosthärte ist sehr unterschiedlich, die letztgenannten großblumigen Hybriden stehen vielen Buchsbaum-Sorten aber kaum nach und eignen sich bei zusagenden Standortverhältnissen gut für Hecken oder z. B. größere Halbkugeln. Durch Schnittmaßnahmen lässt allerdings der Blütenansatz deutlich nach.

An geeigneten Standorten sind manche Rhododendron- und Azaleen-Sorten für geschnittene Formen gut geeignet.

Taxus 'Renke's Kleiner Grüner': äußerst schnittverträglich und robust.

Taxus, Eibe

Wenn man akzeptiert, dass Eiben (*Taxus*) durch ihre dunkle Benadelung ein völlig anderes Erscheinungsbild bieten, sind sie ein recht guter Ersatz für Buchsbaum. Ihre Schnittverträglichkeit und Frosthärte sind fast so gut wie die von Buchs, und sie eignen sich sehr gut für schattige Standorte. Zum Formschnitt werden meist Sämlinge von *T. baccata* verwendet, die sich allerdings im Wachstum immer etwas voneinander unterscheiden. Als Bodendecker stehen breit wachsende Sorten wie 'Repandens' zur Verfügung und für kleine Hecken und Flächenbepflanzungen Zwergsorten wie 'Renke's Kleiner Grüner'.

Ein kleiner entfernter Verwandter ist die Steineibe (*Podocarpus*), die etwas breiter wächst und nicht ganz so frosthart ist.

Eiben leiden sehr unter Staunässe und können dort durch Befall mit *Phytophthora*-Wurzelfäule ernste Schäden erleiden. Außerdem können Beeinträchtigungen und Schäden durch Schildlaus- oder Rüsselkäfer-Befall entstehen.

Zypressengewächse

An sonnigen Standorten können auch Lebensbaum (*Thuja*) und andere Zypressengewächse (Scheinzypresse, *Chamaecyparis*; Leyland-Zypresse, × *Cupressocyparis*; Wacholder, *Juniperus*) als immergrüne Pflanzen verwendet werden, auch wenn die Schnittverträglichkeit nicht ganz so gut ist wie die

von Eibe oder Buchsbaum. Für hohe Hecken eignen sie sich gut, unterscheiden sich aber durch ihre schuppenförmige Benadelung im Erscheinungsbild völlig von Buchsbaum.

Zwergsorten, wie *Thuja* ‘Danica’, ‘Mecki’ oder ‘Tiny Tim’, haben an sonnigen Standorten ihre gute Eignung als Einfassungspflanze bewiesen, wenn sie auch nicht ganz so

Thuja ‘Mecki’: geeignet auch für niedrige Parterre-Hecken.

kompakt und dicht wachsen wie *Buxus* 'Suffruticosa'.

Scheinzypressen sind besonders empfindlich gegen Staunässe, sie wachsen daher sehr schlecht auf den schweren Böden, die in Süddeutschland vorherrschen. Alle Zypressengewächse leiden unter Triebsterben und Miniermotten, dafür ist die Frosthärte der meisten Sorten sehr gut.

Halbsträucher

Viele Halbsträucher, die meist ins Sortiment der Stauden eingereiht werden, eignen sich gut für Einfassungen und vor allem Knotenbeete.

Sorten von Ysop (*Hyssopus officinalis* subsp. *aristatus*), Gamander (*Teucrium × lucydris*, möglichst nicht der ausläuferbildende *Teucrium chamaedrys*), Lavendel (*Lavandula angustifolia*), Heiligenstrauch (*Santolina chamaecyparissus*) oder Thymian (*Thymus* sp.) zeichnen sich nicht nur durch Form und Farbe ihres Laubes sowie ihrer Blüten aus, sondern auch durch deren Duft, manche sind beliebte Küchenkräuter. Sie brauchen sonnige Standorte, die meisten von ihnen sind etwas frostempfindlich. Außerdem sind sie nicht sehr langlebig, sodass sie in der Regel nach mehreren Jahren vergreisen und neu gepflanzt werden müssen.

Rechts: Thymus citriodorus 'Golden Dwarf': ein niedriger Bodendecker, der attraktiv ist und duftet.

Gelegentlich wird auch Strauch-Veronica (früher *Hebe*, jetzt *Veronica*) empfohlen, sie ist aber noch frostempfindlicher als andere Halbsträucher.

Eine Tabelle mit den wichtigsten Eigenschaften für jede Alternativpflanze zu Buchs finden Sie im Serviceteil auf Seite 118!

Service

Alternativpflanzen zu Buchsbaum

Botanischer Name	Deutscher Name	Frosthärte	Schatten-verträglichkeit	Schnittver-träglichkeit	Wuchs und Höhe (je nach Sorte und Schnitt)
Berberis thunbergii	Berberitze	+++	o	++	laubabwerfend, 0,5 – 1 m Höhe
Berberis sp.	Immergrüne Berberitzen	+	o	++	kleines Laub, Dornen, je nach Sorte 0,5 – 2 m Höhe
Chamaecyparis	Scheinzypresse	++	o	++	Nadelgehölz mit Schuppen, 0,5 – 20 m Höhe
Euonymus fortunei	Kriechspindel	++	+	++	breit wachsender Boden-decker, 0,2 – 1 m
Euonymus japonicus	Japanische Kriech-spindel	o	+	++	breit wachsender Boden-decker, 0,5 – 1 m
Hyssopus officinalis	Ysop	+	o	+	subsp. aristatus 20 – 50 cm
Ilex aquifolium	Stechpalme	++	++	++	'Heckenzwerg' 30 cm stärkere Sorten 1,5 – 8 m
Ilex crenata	Japanische Hülse	++	++	++	Blatt ähnelt dem von Buchs, 0,5 – 4 m
Ilex × meserveae	Buschige Stech-palme	+++	++	++	1 – 6 m 'Little Rascal' 0,5 m
Lavandula	Lavendel	++	o	+	20 – 50 cm
Ligustrum vulgare	Gewöhnlicher Liguster	+++	++	++	meist laubabwerfend, 0,5 – 6 m
Ligustrum ovalifolium	Ovalblättriger Liguster	+	++	++	1 – 6 m
Lonicera nitida, L. pileata	Zwerg-Hecken-kirsche	++	+	++	0,4 – 1 m
Pinus mugo, P. sylvestris u. andere Arten	Kiefern-Arten	+++	o	+	1 – 20 m
Podocarpus	Steineibe	++	++	++	0,3 – 1 m
Prunus lau-rocerasus	Lorbeer-Kirsche	+ bis ++	++	++	0,5 – 6 m
Rhododendron	Rhododendron, Azalee	+ bis +++	++	+	Japanische Azaleen 0,3 – 1,5 m großblumige Hybriden 1 – 4 m
Salvia officinalis	Salbei	+	o	+	20 – 50 cm
Santolina	Heiligenstrauch	+	o	+	20 – 50 cm
Taxus	Eibe	+++	+++	+++	0,2 – 10 m
Teucrium × lucdris	Gamander	++	o	+	20 – 50 cm
Thuja	Lebensbaum	+++	+	++	0,3 – 10 m
Thymus	Thymian	+ bis ++	o	+	20 – 50 cm

o = schlecht, + = mäßig, ++ = gut, +++ = sehr gut (im Vergleich zu „guten" Buchsbaumsorten)

Buchsbaumsorten

Sorte*	Wachstum	Blattfall-anfälligkeit	anfällig für	widerstandsfähig gegen	Sonstiges
m. 'Compacta'	zwergig	hoch	Frostschaden	Blattfloh	Zwergsorte für Steingärten usw.
m. 'Faulkner'	mittelstark	sehr gering	Blattfloh, Spinnmilbe, Braunfärbung	Frostschaden, Blattrandchlorosen, Triebspitzenmilbe	
m. 'Green Beauty'	kompakt bis mittelstark	gering	Blattfloh, Frostschaden		kleines, rundes Blatt, ähnlich 'Trompenburg'
m. 'Golden Dream', Syn. 'Peergold'	kompakt	gering	Braunfärbung		gelbbuntes Laub, sparriger Wuchs
m. 'Green Pillow'	kompakt	mittel			
m. 'Herrenhausen'	kompakt, breit	gering	Braunfärbung, Spinnmilbe, Frostschaden	Blattrandchlorosen, Triebspitzenmilbe, Blattfloh, Gallmücke	sehr ähnlich oder gleich sind 'Brno', 'Rococo', 'Tide Hill', B. sinicica var. insularis 'Nana'
m. 'Justin Brouwers', Syn. 'Brouwer's Seedling'	kompakt, breit	hoch			kleines, sehr schönes Blatt
m. 'John Baldwin'	kompakt bis mittelstark	gering	Braunfärbung, Frostschaden	Blattrandchlorosen	bizarrer Wuchs, struppig
m. 'Morris Dwarf'	sehr kompakt, breit	hoch	Frostschaden	Blattfloh, Gallmücke	langsamer Wuchs, für Steingärten etc.
m. 'Morris Midget'	zwergig	hoch	Braunfärbung, Frostschaden, Spinnmilben	Blattrandchlorosen, Blattfloh, Gallmücke	Sämling von 'Morris Dwarf', noch langsameres Wachstum
m. 'National', Syn. 'Morris Fastigiate'	stark	gering	Frostschaden	Braunfärbung	große Blätter, aufrechter als 'Faulkner', sonst ähnlich
m. 'Pincushion', Syn. 'Cushion'	kompakt bis mittelstark, breit	mittel	Blattrandchlorosen	Braunfärbung	
m. 'Schopes'	mittelstark bis stark				
m. 'Trompenburg'					sparrig, breit, bogig überhängende Triebe
m. var. japonica	mittelstark bis stark		Frostschaden	Braunfärbung, Blattrandchlorosen	bizarrer Wuchs, locker
m. var. koreana, Syn. m. var. insularis, Syn. sinicica var. insularis	mittelstark	mittel	Braunfärbung	Frostschaden	ähnlich B. m. var. japonica, aber kompakter
m. 'Winter Gem', Syn. 'Winter Beauty'	mittelstark	gering		Blattrandchlorosen	ähnlich B. m. var. koreana, sparrig, locker, kleines Blatt.
s. 'Angustifolia', syn. 'Salicifolia'	stark		Blattrandchlorosen		sehr schmales Blatt
s. 'Blauer Heinz'	kompakt	hoch	Gallmücke	Braunfärbung, Blattrandchlorosen	bläulicher Austrieb, sehr schönes Blatt

* m. = microphylla, s. = sempervirens, × = microphylla × sempervirens

Buchsbaumsorten

Sorte*	Wachstum	Blattfall-anfälligkeit	anfällig für	widerstandsfähig gegen	Sonstiges
s. 'Bullata', Syn. 'Macrophylla'	stark				große Blätter, gewölbt
s. 'Dee Runk'	stark, säulen-förmig	gering			ähnlich, aber etwas breiter ist 'Fastigiata'
s. 'Elegantissima', Syn. 'Elegans'	mittelstark bis stark	mittel bis hoch	Frostschaden	Braunfärbung, Blatt-randchlorosen	weißbunter Blattrand
s. 'Globosa'	kompakt	hoch	Triebspitzen-verbräunung	Blattrandchlorosen	
s. 'Graham Blandy', Syn. 'Greenpeace'	stark, säulen-förmig				schmale Säulenform
s. 'Green Balloon'	kompakt	hoch			
s. 'Haller', Syn. 'Planifolia'	mittelstark				glänzendes Laub
s. 'Handswor-thiensis'	sehr stark	mittel	Braunfärbung	Blattrandchlorosen, Gallmücke, Triebspit-zenmilbe	straff aufrechter Wuchs, großes Blatt
s. 'Hermans Low'	kompakt bis mittelstark	mittel			
s. 'Hollandia', Syn. 'Holland'	stark	mittel	Blattrand-chlorosen, Blattfloh	Frostschaden, Triebspitzenmilbe, Gallmücke	
s. 'Ingrid'	kompakt bis mittelstark	mittel bis hoch	etwas Braun-färbung und Blattrand-chlorosen		großes, attraktives Laub
s. 'Jack'	mittelstark	mittel			
s. 'King Midas'	kompakt bis mittelstark				gelbliches Laub, im Winter vergrünend
s. 'Latifolia Macu-lata', Syn. 'Ro-tundifolia Aurea', Syn. 'Rotundifolia Maculata'	mittelstark bis stark	hoch	Blattrand-chlorosen, Frostschaden, Sonnenbrand		großlaubig, gelbbunt pana-schiert, im Schatten kaum Panaschierung; ähnlich oder gleich 'Aureovariegata'
s. 'Marginata', Syn. 'Aureo Marginata', Syn. 'Gold Edge'	stark	hoch			gelb panaschierter Blattrand ähnlich 'Elegantissima', aber weniger auffällig
s. 'Marianne'	kompakt				
s. 'Myosotidifo-lia', Syn. 'Nana'	kompakt	hoch	Frostschaden		attraktives kleines, schmales Laub
s. 'Myrtifolia'	kompakt bis mittelstark		Gallmücke		ähnlich ist 'Myosotidifolia', wächst aber etwas stärker, hat etwas breitere Blätter
s. 'Polar'			Blattrand-chlorosen	Frostschaden	besonders frostharte Auslese aus Schweden
s. 'Pyramidalis'	sehr stark	hoch	Blattfloh, Gallmücke		breit pyramidaler Wuchs

Sorte*	Wachstum	Blattfall-anfälligkeit	anfällig für	widerstandsfähig gegen	Sonstiges
s. 'Raket'	stark	hoch			relativ große, längliche Blätter, lockerer Wuchs
s. 'Rosmarinifolia'	kompakt				langsam wachsende Mutation aus 'Myosotidifolia' mit besonders schmalen Blättern
s. 'Rotundifolia'	sehr stark	hoch	Blattfloh, Frostschaden	Gallmücke	sehr große rundliche, gewölbte Blätter
s. 'Suffruticosa', Syn. 'Humilis'	kompakt	sehr hoch	Braunfärbung, Blattfloh, Spinnmilbe	Blattrandchlorosen, Gallmücke	klassischer Einfassungsbuchs
s. var. *arborescens*	stark	mittel	Blattrand-chlorosen, Blattfloh, Spinnmilbe, Gallmücke	Frostschaden	Standardsorte für Formschnitt
s. 'Vardar Valley'	kompakt	mittel	Blattfloh	Frostschaden, Gallmücke	breiter Wuchs, bläulich grüner Austrieb
× 'Green Gem'	kompakt bis mittelstark	gering bis mittel	Blattfloh, Gallmücke, Blattrand-chlorosen	Braunfärbung, Frostschaden, Spinnmilbe	kleines, schmales Blatt
× 'Green Velvet'	kompakt bis mittelstark	gering bis mittel	Gallmücke, Blattrand-chlorosen	Braunfärbung, Frostschaden	
× 'Green Mound'	mittelstark bis stark	gering bis mittel	Blattfloh, Gallmücke, Blattrand-chlorosen	Braunfärbung, Frostschaden	
× 'Green Mountain'	stark	mittel	Gallmücke, Triebspitzen-milbe	Braunfärbung, Frostschaden	

* *m. = microphylla, s. = sempervirens, × = microphylla × sempervirens*

Gärten und Parks mit Buchspflanzungen

Buchsbaum ist eine Gartenpflanze mit langer Tradition in der Gartenkultur, daher sind auch in sehr vielen Gärten und Parks sehenswerte Pflanzungen zu finden. Eine Auswahl einiger interessanter Beispiele in Europa wird hier vorgestellt.

Parterres

Eine der schönsten Broderie-Parterre-Anlagen finden Sie in den Herrenhäuser Gärten in Hannover. Auf 3 ha der insgesamt 50 ha Parkfläche erstrecken sich im „Großen Parterre" 11 km Buchsbaumhecken in filigranen Broderiemustern. Die Zwischenräume sind teils bepflanzt, teils mit Kies abgestreut. Im benachbarten „Orangenparterre" wurde versuchsweise der Buchsbaum durch Thuja 'Mecki' ersetzt.

Weitere Schlossgärten mit Broderieparterres in Deutschland sind in Schwetzingen südöstlich von Mannheim mit seinem Kreisparterre, das harmonisch mit einem englischen Landschaftsgarten verbunden ist, sowie in Brühl bei Köln zu bewundern. Der Park des Renaissance-Schlosses Güstrow in Mecklenburg ist eine sehr interessante geometrische Anlage.

Weltberühmt sind die Parterres der Schlösser Schönbrunn und Belvedere in Wien, von Schloss Villandry im Loire-Tal, der Schlösser Versailles und Vaux-Le-Vicomte bei Paris sowie Hampton Court in England.

Im Gegensatz zu den übrigen aufgezählten Parterreanlagen sind die von Villandry und Güstrow nach geometrischen Mustern der Renaissancezeit angelegt, also nach älteren Vorbildern als die Barockgärten.

Eine interessante Pflanzung von Alternativen zu Buchsbaum ist in den Broderie-Parterres des niederländischen Königsschlosses Het Loo zu besichtigen. Dort wurde ein großer Teil der Buxus-Pflanzen wegen Schäden durch Buchsbaumblattfall im Frühjahr 2013 durch *Ilex crenata* ersetzt.

Wolkenflächen

Die wohl berühmteste Anlage wolkenartiger Buchsbaumflächen befindet sich im Park von Schloss Marqueyssac in der Dordogne in Südfrankreich. An einem Berghang sind dort aus Buchsbaum und anderen immergrünen Gehölzen fantasievolle geschwungene Pflanzungen gestaltet.

Große, wolkenförmig geschnittene Buchsbaumhecken stehen im Garten des berühmten belgischen Gartenarchitekten Jacques Wirtz in der Nähe von

Antwerpen, der solche Formen gern in den von ihm geplanten Anlagen einsetzt. Außerdem stehen mehrere solcher Hecken in Großbritannien sowie im Pariser Jardin du Carrousel. Manche von ihnen sind schon viele Jahrzehnte alt.

Buchsbaum in der Natur

Durch jahrhundertelange Nutzung des wertvollen Buchsbaumholzes sind in Mitteleuropa fast alle Bestände in der freien Landschaft verloren gegangen. Ein Buchsbaumwald steht in Grenzach-Wyhlen in der Schweiz, er soll allerdings inzwischen durch Buchsbaumblattfall und Buchsbaumzünsler stark geschädigt sein. Ein Buchsbaum-Wanderweg befindet sich zwischen Müden und Karden an der Mosel. In Südeuropa bestehen noch größere Wildbestände.

Alte Buchsexemplare

In Deutschland sind nur wenige große Exemplare von Buchsbaum erhalten geblieben. Fast 400 Jahre alte, 8 m hohe Buchsbaumexemplare sind im Park von Schloss Krumke in der Altmark zu bestaunen. Ebenfalls sehr alte und ähnlich hohe Exemplare stehen im Schau- und Sichtungsgarten Hermannshof in Weinheim an der Bergstraße.

Buchsbaumgesellschaften

Liebhaber von Fuchsien, Rhododendron und anderen Gartenpflanzen haben sich schon vor langer Zeit in Gesellschaften zusammengeschlossen, für Buxus gibt es solch eine Organisation erst seit Kurzem.

Die Buchsbaumfreunde sind in der Deutschen Buchsbaumgesellschaft organisiert und sammeln dort ihr Wissen. Sie betreuen mit großem ehrenamtlichem Engagement eine umfangreiche Sammlung von über 150 Buchsbaumsorten im Park von Iden in der Altmark, das Buxarium „Hermann Gallikowski". Eine Erweiterung auf etwa 250 Sorten ist angestrebt. Mitgliedern werden regelmäßige schriftliche Informationen zugeleitet, die „Buchsbaum-Blätter". Außerdem werden Informationsveranstaltungen angeboten, Kontakte im In- und Ausland gepflegt und mehrere Treffen im Jahr veranstaltet. Auch auf vielen Messen ist die Deutsche Buchsbaumgesellschaft mit ihrem Informationsstand vertreten.

Die deutsche Buchsbaumgesellschaft ist Teil der internationalen European Boxwood and Topiary Society (EBTS), der Europäischen Gesellschaft für Buchsbaum und Formschnitt. Während bei der Deutschen Buchsbaumgesellschaft der Buchsbaum im Mittelpunkt steht, befasst sich die EBTS mindestens gleichermaßen mit Formschnitt an anderen Gehölzgattungen, ist also weniger „buchsbaumorientiert".

Sie wurde 1996 in England gegründet, wo sie auch ihren Hauptsitz hat. Abgesehen davon, dass sie durch die Deutsche Buchsbaumgesellschaft auch in Deutschland vertreten ist, ist sie in den Niederlanden, Belgien sowie in Frankreich aktiv und besitzt gute Verbindungen in andere europäische Staaten. In Nordamerika ist sie ebenfalls präsent, parallel zur American Boxwood Society, zu der sehr gute Kontakte bestehen. Einmal im Jahr wird in englischer und französischer Sprache das Vereinsmagazin „Topiarius" herausgegeben mit interessanten Informationen und eindrucksvollen Bildern. Auch die EBTS veranstaltet regelmäßig Treffen.

Topiarius

Die englischen Bezeichnungen *topiary art* für die Kunst des Formschnitts und *topiary* für das Formgehölz selbst leiten sich vom lateinischen Begriff *topiarius* ab, mit dem im Altertum der Gärtner bezeichnet wurde, der den Ziergarten pflegte und dabei auch die Formgehölze schnitt. Heute würde man ihn Landschaftsgärtner nennen.

Internetseiten von Buchsbaum- und Formschnittgesellschaften

American Boxwood Society: www.boxwoodsociety.org Deutsche Buchsbaumgesellschaft: http://deutsche-buchsbaumgesellschaft.de European Boxwood and Topiary Society: www.ebts.org

Bezugsquellen

Gehölze und Zubehör, wie Schnittwerkzeuge, werden in vielen Gartencentern und Baumschulen angeboten. Achten Sie beim Kauf nicht nur auf den Preis, sondern auch auf die Qualität (besonders die Gesundheit der Pflanzen) sowie eine fachkundige Beratung! Listen von Anbietern in Deutschland, Österreich und der Schweiz finden Sie unter anderem hier:
www.bund-deutscher-baumschulen.de
www.gartenbaumschulen.com/betriebe.php
www.baumschulinfo.at
www.vsb.ch
Weitere wertvolle Informationen finden sie unter:
www.garten-akademien.de

Telefonnummern „Gartentelefon"

BAYERISCHE GARTENAKADEMIE Gartentelefon: (0931) 9801-147, Montag, Donnerstag, Freitag: 10:00 – 12:00 Uhr, Montag, Donnerstag 13:00 – 16:00 Uhr

GARTENAKADEMIE BADEN-WÜRTTEMBERG Gartentelefon: (0900) 1042290 (50 Cent pro Minute), Mo 14:00 – 18:00 Uhr, Di 10:00 – 12:00 Uhr, Mi 13:00 – 16:00 Uhr, Do 14:00 – 16:00 Uhr, Fr 14:00 – 16:00 Uhr

HESSISCHE GARTENAKADEMIE Gartentelefon: (0180) 5729972 (14 Cent pro Minute), Mo – Fr 9:00 – 11:00 Uhr, Mi 14:00 – 16:00 Uhr

NIEDERSÄCHSISCHE GARTENAKADEMIE Gartentelefon: (04403) 983811, Mo und Fr 9:00 – 12:00 Uhr

GARTENAKADEMIE RHEINLAND-PFALZ Gartentelefon: (0180) 505 3 202 (14 Cent pro Minute), Montag 9:00 – 13:00 Uhr, Donnerstag 13:00 – 16:00 Uhr

GARTENAKADEMIE SACHSEN Gartentelefon: (0351) 2612-8080, Donnerstag 14:00 – 17:00 Uhr

Zum Weiterlesen

Batdorf, Lynn R.: Boxwood Handbook. Boyce (USA) 1997.
Beltz, Heinrich: Formgehölze schneiden. Ulmer Verlag, Stuttgart 2007.
Beltz, Heinrich: Formgehölze Anzucht und Pflege. Parey Buchverlag, Berlin 1999.
Hobson, Jake: Niwaki. Ulmer Verlag, Stuttgart 2010.
Hobson, Jake: Schnittkunst im Garten. Ulmer Verlag, Stuttgart 2013.
Höpoltseder, Helmut: Schädlings- und Krankheitsanfälligkeit Buxussorten, insbesondere von Blatt- und Triebpilzen. Abschlussberichte Wien-Schönbrunn 2005, 2006 und 2009.
Roth, Lutz, Max Daunderer und Kurt Kormann: Giftpflanzen Pflanzengifte. 4. Auflage. Nikol Verlags-GmbH, Karlsruhe/München 1994.
Van Trier, Harry und Didier Hermans: Buchs. Ulmer Verlag, Stuttgart 2007.

Register

Bildnachweis

Das Titelbild stammt von mauritius images.
Beltz, Ulrike: Seite 81; Brand, Thomas: Seite 28, 31; Lohrer, Thomas: Seite 27
Alle übrigen Fotos stammen vom Autor.
Die Zeichnungen fertigte Helmuth Flubacher, Waiblingen

Impressum

Die in diesem Buch enthaltenen Empfehlungen und Angaben sind vom
Autor mit größter Sorgfalt zusammengestellt und geprüft worden. Eine
Garantie für die Richtigkeit der Angaben kann aber nicht gegeben werden.
Autor und Verlag übernehmen keinerlei Haftung für Schäden und Unfälle.

Bibliografische Information der Deutschen Nationalbibliothek
Die Deutsche Nationalbibliothek verzeichnet diese Publikation in der Deutschen Nationalbibliografie; detaillierte bibliografische Daten sind im Internet über http://dnb.d-nb.de abrufbar.

© 2014 Eugen Ulmer KG
Wollgrasweg 41, 70599 Stuttgart (Hohenheim)
E-Mail: info@ulmer.de
Internet: www.ulmer.de
Lektorat: Sabine Drobik, Doris Kowalzik
Herstellung: Gabriele Wieczorek
Umschlagentwurf, Innenlayout und Satz: red.sign, Stuttgart: Anette Vogt
Druck und Bindung: Firmengruppe APPL, aprinta druck, Wemding
Printed in Germany

ISBN 978-3-8001-8265-7